Wilde Alpen

Fotos Bernd Ritschel
Text Tom Dauer

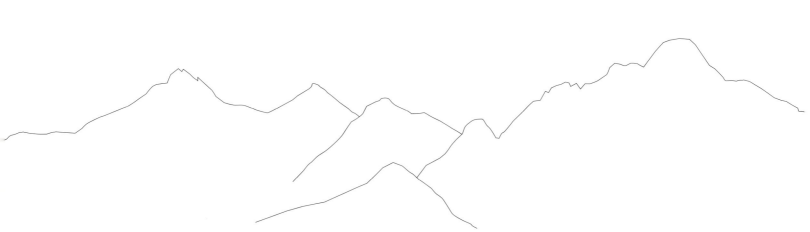

Inhalt

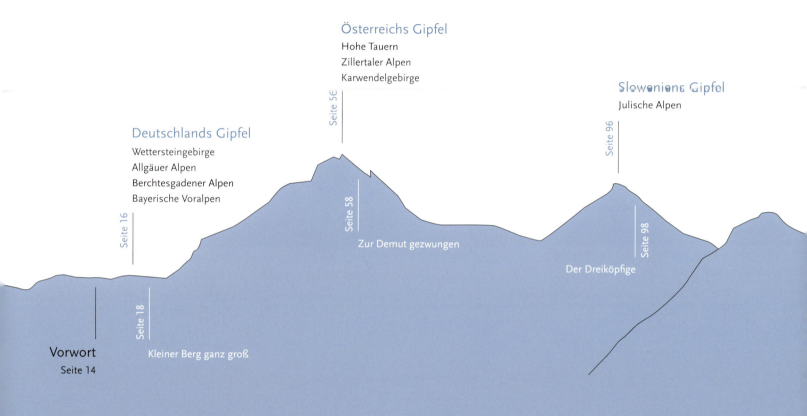

Österreichs Gipfel
Hohe Tauern
Zillertaler Alpen
Karwendelgebirge
Seite 56

Slowenians Gipfel
Julische Alpen
Seite 96

Deutschlands Gipfel
Wettersteingebirge
Allgäuer Alpen
Berchtesgadener Alpen
Bayerische Voralpen
Seite 16

Seite 58
Zur Demut gezwungen

Seite 98
Der Dreiköpfige

Seite 18
Kleiner Berg ganz groß

Vorwort
Seite 14

Seiten 2/3: Insgesamt 76 Meter stürzt der Gollinger Wasserfall in mehreren Stufen zu Tal. Der Bach mündet in die Salzach. Salzburger Land, Österreich.
Seiten 4/5: Die Wolke über dem Schalfkogel (links) ist ein Zeichen für starken Föhnwind aus Norden. Ötztaler Alpen, Tirol, Österreich.
Seiten 6/7: Die Hänge des Seekogels sind ein wichtiges Rückzugsgebiet für die scheuen Steinböcke. Lechtaler Alpen, Tirol, Österreich.
Seiten 8/9: Frostiger Morgen auf der Kohlleite. Kochelsee, Bayerische Voralpen.
Seiten 10/11: Die Überschreitung des Piz Palü zählt zu den schönsten Hochtouren der Schweiz. Bernina, Engadin.

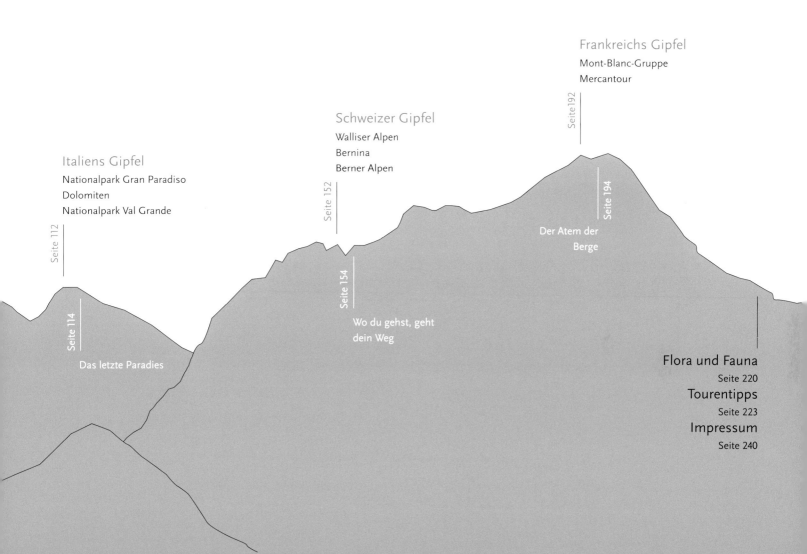

Italiens Gipfel
Nationalpark Gran Paradiso
Dolomiten
Nationalpark Val Grande

Seite 112

Seite 114
Das letzte Paradies

Schweizer Gipfel
Walliser Alpen
Bernina
Berner Alpen

Seite 152

Seite 154
Wo du gehst, geht dein Weg

Frankreichs Gipfel
Mont-Blanc-Gruppe
Mercantour

Seite 192

Seite 194
Der Atem der Berge

Flora und Fauna
Seite 220
Tourentipps
Seite 223
Impressum
Seite 240

Vorwort
Bernd Ritschel

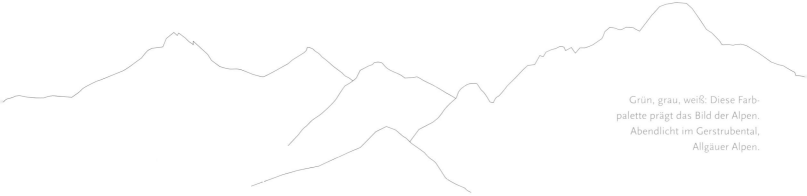

Grün, grau, weiß: Diese Farbpalette prägt das Bild der Alpen. Abendlicht im Gerstrubental, Allgäuer Alpen.

Der Aufstieg zur Cima de la Lombarde führt durch eine Mondlandschaft. Tausende Urgesteinsplatten bedecken den steilen Westrücken des Berges im französischen Nationalpark Mercantour. Manche sind groß wie Tische, andere klein und glatt wie ein Untersetzer. Eingeklemmt zwischen massive Blöcke, ragen im Abstand von jeweils einigen Metern schlanke Steine in die Höhe. Wanderer haben sie aufgerichtet, um einen kraftsparenden Weg durch dieses felsige Chaos zu markieren.

Als ich am Gipfel ankomme, erhellt das zarte Licht der Dämmerung die Berge. Wuchtig überragt im Norden der Monviso die Nebelbänke der Poebene. Jenseits davon erahne ich die Gletscher und Gipfel der Walliser Alpen. Über 200 Kilometer liegen zwischen der relativ unbekannten Cima de la Lombarde und dem unvergleichlichen Matterhorn. Dort im Norden stehen viele markante und berühmte Gipfel, die Ansichtskarten und Fotoalben schmücken. Mich dagegen umgibt eine karge, unscheinbare Landschaft. Grate, Kämme und Gipfel, die sich zum Verwechseln ähneln, verteilen sich in den Seealpen über Hunderte Quadratkilometer. Vor meinen Füßen bricht der Grat in einen Kessel ab. Wackelig türmen sich hier die Felsen übereinander. Alles scheint in Auflösung begriffen, für Bergsteiger der Inbegriff von Steinschlag- und Absturzgefahr. So stelle ich mir die Hölle vor. Doch als die ersten Sonnenstrahlen die rotbraunen Felsen beleuchten, glüht die Landschaft für ein paar Momente. Mit einem Mal wird aus toter Materie, Kälte und Trostlosigkeit das blühende Leben. Ich glaube, dass die Natur so auf uns wirkt, wie wir uns gerade fühlen. Es ist immer auch unsere Wahrnehmung, die die Dinge bestimmt, denn ohne uns, ohne unsere Augen, Ohren, Nasen und Hände könnten wir sie nicht erleben. Deshalb wirken die Alpen – vielerorts eine über Jahrhunderte entstandene Kulturlandschaft – auf uns wild. Denn wie Tom Dauer auf seinen Routen, so habe ich sie beim Fotografieren empfunden: unbezähmbar, archaisch und menschenleer. Wer sie so erfahren möchte, muss nur bereit sein, sie aufzusuchen, sich ihrer Wildheit auszusetzen.

Eins meiner eindrücklichsten Erlebnisse bei der Arbeit für dieses Buch war die Goldlochquelle im Nationalpark Kalkalpen in Oberösterreich. Ein hilfsbereiter Ranger führte mich hin, obwohl die Kernzone des Nationalparks normalerweise gesperrt ist. Nachdem wir die Wanderhosen gegen Neoprenanzüge getauscht hatten, querten wir über steile, morastige Waldhänge in eine Schlucht. Zwischen düsteren Felswänden schimmerte das sanft dahinfließende Wasser in allen Grünschattierungen. Oft kamen wir nur schwimmend voran, dann folgten glitschige Kletterpassagen. Ich hatte das Gefühl, als näherten wir uns dem Ende der Welt – oder dem Anbeginn der Schöpfung. Plötzlich schwoll der Geräuschpegel stark an. Was kam nach der Flussbiegung? Lautstark schäumend ergoss sich das Quellwasser der Goldlochquelle über sattgrün bemooste Felsstufen in eine enge Schlucht, einen paradiesischen Tobel. So und nicht anders muss irgendwann alles angefangen haben. So und nicht anders müssen wir die Natur begreifen. Darum geht es.

Deutschlands Gipfel

Die bayerischen Alpen, gekrönt von Zugspitze und Watzmann, gehören zu den beliebtesten Landschaften Europas. Wilde Bergwelt lässt sich zwischen Allgäu und Berchtesgadener Land vielerorts erleben.

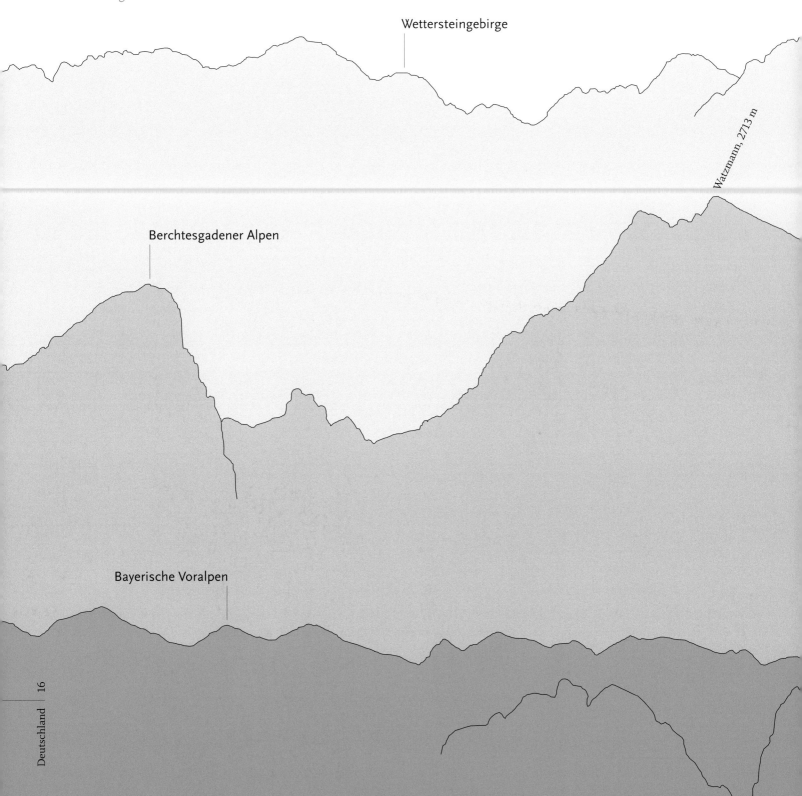

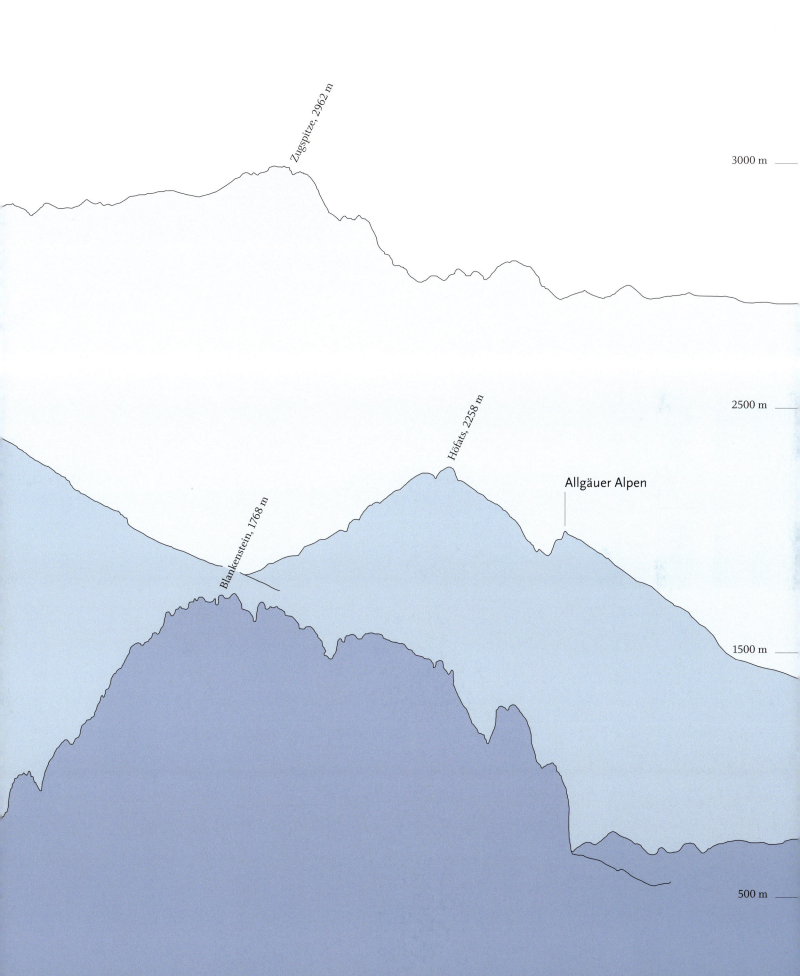

Kleiner Berg ganz groß
Wie eine felsige Krone ragen die Türme des
Blankensteins aus seiner Nachbarschaft hervor.

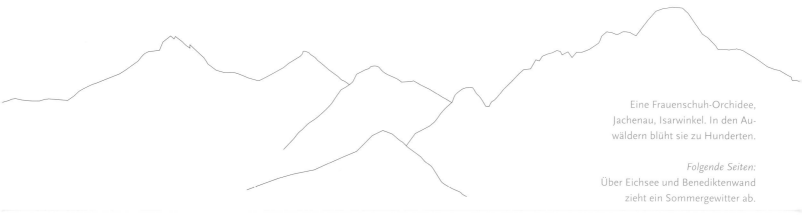

Eine Frauenschuh-Orchidee, Jachenau, Isarwinkel. In den Auwäldern blüht sie zu Hunderten.

Folgende Seiten:
Über Eichsee und Benediktenwand zieht ein Sommergewitter ab.

Ich war sechs, als ich zum ersten Mal auf seinem Gipfel stand: noch ohne einen Blick zu haben für die silbern schimmernden Schneegipfel des Alpenhauptkamms am südlichen Horizont. Dafür interessierte ich mich mehr für die Schokolade, die meine Mutter in die Brotzeitbox gepackt hatte. Als ich 14 war, wurde er, wie für viele junge Alpinisten davor und danach, mein erster richtiger Kletterberg. Noch lange war ich stolz auf die Schrunden, die der helle Kalk seiner Südwand in die Haut an meinen Fingerspitzen geritzt hatte. Sechs Jahre später, an einem Februartag, türmte sich über seinem Gipfel eine mächtige Wolke. Ihr Kern schimmerte in fahlem Orange, an den Rändern franste sie beige aus. Starke Südwinde wehten Saharasand über das Mittelmeer und die Alpen bis ins bayerische Voralpenland. Am nächsten Morgen war der Schnee rötlich gefärbt – das sei „Blutschnee", sagten die Alten.

Mit Mitte 30 schließlich wurde ich ein kleiner Teil seiner Geschichte, nachdem ein Freund und ich eine neue Kletterlinie in seiner Nordwand erstbegangen hatten, die wir danach „Sommernachtstraum" nannten. Laut Kletterführer ist aus unserem Abenteuer, emporzusteigen in eine senkrechte, nie zuvor berührte Felswand, eine «schöne Route in hervorragendem Fels über Platten, Wasserrillen und Risse» geworden. All die Jahre bin ich immer wieder zu ihm zurückgekehrt. Der Blankenstein mag ein kleiner Berg sein. Für mich ist er ein ganz großer.

Das sehen auch die Geowissenschaften so, denn zwischen dem Wasserspiegel des Tegernsees, der wie ein Fjord in die Berge hineinragt, und dem 1768 Meter hohen Gipfel des Blankensteins liegen gut 1000 Meter Höhendifferenz. Damit gelten er und seine Nachbarn als Hochgebirge, auch wenn die Bayerischen Voralpen mit ihren grünen Kuppen, ihren Fichtenwäldern und offenen Almkesseln, mit den türkis schillernden Bachläufen und den malerischen Seen eher wie das Modelleisenbahner-Ideal einer Landschaft aussehen.

Wenn ich ehrlich bin, gefallen mir die sanften Matten besser als die Stein- und Eiswüsten der hohen und gefährlichen Berge. Nicht nur das Auge, auch die Gedanken finden hier Ruhe, weil das Pendel zwischen Idyll und Bedrohung, das in den Alpen mal mehr in die eine, mal mehr in die andere Richtung ausschlägt, in den Bayerischen Voralpen auf der harmonischen Seite hängen geblieben ist. Nur an manchen Stellen ragen ein paar schroffe Felsen hervor: trutzige Ausrufezeichen, die verhindern, dass das Liebliche zum landschaftlichen Kitsch wird. Der Blankenstein zum Beispiel.

Eng und schattig ist das Tal, in dem die Rottach vom Suttensee hinabfließt. Hier beginnt einer der vielen Wege, die auf den Berg führen. Ich muss daran denken, wie ich hier zum ersten Mal ging, an der Hand meines Vaters. Schon früh hatte er mich angehalten, meine Unternehmungen in ein Büchlein einzutragen, ein Tourenbuch zu führen. Das ist ein alter Brauch. Um die Wende zum 20. Jahrhundert kam er in Mode, als die Menschen begannen, vor dem mechanischen Gleichtakt industrieller Arbeit in unberührte Natur zu

Talblütler: Wilder Mohn, Kochelsee, Voralpenland, 600 Meter.

Gipfelpionier: Hornkraut, Hoher Göll, Berchtesgadener Alpen, 2522 Meter.

Folgende Seiten: In ihrem Oberlauf mäandert die Isar durch ein breites Kiesbett. Nur an wenigen Frühlingstagen geht die Sonne mittig über dem Talgrund auf.

Links oben: Die Westwand der Ruchenköpfe im Mangfallgebirge.

Links unten: Das Hasental in den Ammergauer Alpen ist weglos.

Folgende Seiten: In den Allgäuer Alpen reichen Wiesen bis in die Gipfelregion. Nur der Große Wilde gibt sich schroff.

flüchten. Auch die Bergeshöhen suchten sie auf, von denen der Schriftsteller Jean-Jacques Rousseau schon 100 Jahre zuvor verheißungsvoll berichtet hatte: «In der Tat ist es ein allgemeiner Eindruck, den alle Menschen empfinden, wiewohl sie ihn nicht alle wahrnehmen, dass man auf den Bergen, wo die Luft rein und dünn ist, mehr Freiheit zu atmen, mehr Leichtigkeit im Körper, mehr Heiterkeit im Geiste an sich spürt.»

Der Eintrag in meinem Tourenbuch liest sich profaner: «18. Mai 1975. Als wir gerade los wollten, merkte mein Papa, dass mir meine Bergschuhe zu klein waren. Nun dachten wir darüber nach, ob es sich überhaupt lohnte, den Anstieg anzufangen. Nach ungefähr 200 Metern sagte ich: ‹Mir tun die Füße weh.› Nun klopften wir die Schuhe groß. Nach ungefähr fünf Stunden kamen wir auf den Gipfel des Blankensteins.»

Gut drei Jahrzehnte später bin ich auf demselben Weg unterwegs wie damals. Ein eigenartiges Gefühl: Als wandelte man auf seinen eigenen Spuren. Wohl wissend, dass man nicht mehr derselbe ist, der den schmalen Pfad hoch zur Sieblialm aufsteigt.

Das Gras ist noch nicht lange von seiner Schneelast befreit, doch es ist rasch gewachsen und von kräftigem Grün. Weil die Almen der Bayerischen Voralpen seit Jahrhunderten bewirtschaftet werden. Und weil der stetige Wechsel von Abweiden und Nachwachsen die Entwicklung von Gräsern und Kräutern begünstigt. Die Sieblialm etwa wird schon im Jahr 1417 zum ersten Mal erwähnt. Seitdem haben der Mensch und sein Vieh hier die Berge gestaltet. Wie überall in den unteren Höhenlagen zwischen Watzmann und Allgäuer Alpen: Was man für unberührte Natur halten mag, wurde von Menschen geschaffen. Noch bevor die ersten Bauerngesellschaften begannen, immer tiefer in die Berge vorzudringen, Täler zu roden, Sümpfe trockenzulegen und urbar zu machen – am Südrand der Alpen vor gut 6000 Jahren, an ihrem Nordrand vor 2000 –, nutzten sie die großflächigen Matten der Talschlüsse als Sommerweiden. Zwar wächst das Gras über der Waldgrenze nicht so hoch, dafür ist es fett- und proteinreicher als in den Tälern, und für das Vieh besser zu verdauen. So verbringen Rinder und Kälber in den bayerischen Alpen seit Tausenden Jahren die Sommer auf den hoch gelegenen Bergweiden.

Weil wachsende Städte, der aufblühende Bergbau, Handwerk und Gewerbe im Mittelalter einen immer größer werdenden Bedarf an Holz und landwirtschaftlichen Produkten schufen, und weil immer mehr Flächen für die Viehzucht benötigt wurden, drangen die Menschen tiefer ins Gebirge vor. Auch in Oberbayern entstanden neue Siedlungen und Klöster. Eine wachsende Zahl an Menschen brauchte größere Mengen an Baustoffen sowie an Milcherzeugnissen und Fleisch. Der steigende Bedarf führte zur Rodung der riesigen Waldbestände, die bis dato das Aussehen der Berge bestimmten. Holz war ja genug da. Und je mehr der Wald zurückgedrängt wurde, desto größer wurden die Almflächen. Systematisch begannen die Menschen, den Wald von oben nach unten abzuholzen.

Die Wiesen der Jachenau fangen das Sonnenlicht. Das Tal ist eines der letzten Siedlungsgebiete, bevor sich das Karwendelgebirge erhebt.

Vorige Seiten: Mit einer Südströmung ziehen morgendliche Nebel über den Ostrücken des Herzogstands, Bayerische Voralpen.

Wie zwei blaue Augen: 200 Höhenmeter trennen den Kochelsee (links) und den Walchensee in den Bayerischen Voralpen.

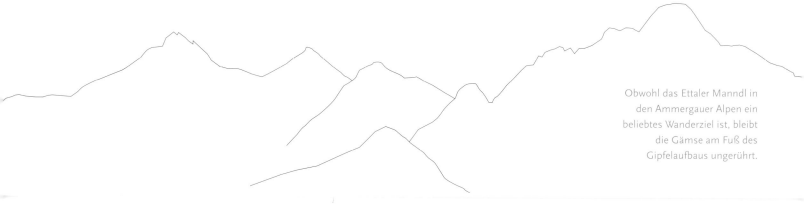

Obwohl das Ettaler Manndl in den Ammergauer Alpen ein beliebtes Wanderziel ist, bleibt die Gämse am Fuß des Gipfelaufbaus ungerührt.

Seit 1900 liegt die klimatische Waldgrenze im Alpenraum 300 Meter höher als die tatsächliche. Dafür hat sich die Fläche der Almen vervierfacht.

Bis heute prägt das Vieh das Bild der Berge. Die Hänge hinauf zur Sieblialm sehen aus, als habe sie ein Unermüdlicher in mühevoller Arbeit terrassiert. Doch die schmalen, waagerechten Bänder sind Viehgangeln. Sie entstehen, weil Rinder und Kälber in mehreren Reihen und parallel zum Hang weiden. Dabei fressen sie mit dem Kopf nach oben, und verdichten den Boden unter ihnen zu grasigen Treppenstufen. Solange die Grasnarbe nicht aufreißt, tragen sie dazu bei, die steile Ostflanke des Siebligrats zu befestigen. Käme das Vieh in den Sommermonaten nicht mehr auf die Alm, sähe es in wenigen Jahren ganz anders aus. Die Wiesen würden erodieren, an anderen Stellen siedelten sich Pionierpflanzen an, das Gelände verbuschte. Das Verhältnis von Gräsern und Kräutern, das auf Almflächen 30 zu 70 beträgt, würde sich umkehren wie auf nicht genutzten alpinen Rasen.

Dass dem hier nicht so ist, ist Anton Maier zu verdanken. In 13. Generation bewirtschaftet er die Sieblialm. Von Juni bis Oktober wird sie bestoßen. Dann versorgt Maier seine aufgetriebenen Kälber, das Jungvieh und die Rinder, oberbayerisches Fleckvieh aus eigener Zucht, am Blankenstein. «Früher», sagt Maier, «war die Oma noch mit oben und hat Getränke an die Wanderer verkauft». Doch die Oma lebt nicht mehr, und der Bauer hat genügend Arbeit mit dem Vieh und dem Käse, der im Naturkeller der Sieblialm reift. Im Grand, dem steinernen Trog vor der Hütte, stehen drei Getränkekästen: ein Tragerl Weißbier, ein Tragerl Helles und eines mit Limo, dazwischen glänzt eine Flasche mit mildem Obstler. In einer blauen Kühltasche liegen Käsebrote, auf dem Tisch in der Stube steht eine weiße Keramikschale mit Kleingeld. «Bitte bedienen Sie sich selbst», ist auf ein Holzschild geschrieben, daneben die Preisangaben. Jedes Mal, wenn ich vorbeikomme, freue ich mich, dass Anton Maier sein Vertrauen nicht verloren hat. Vielleicht weil der Mensch am Blankenstein nicht gegen, sondern mit der Natur lebt.

Oberhalb der Sieblialm führt der schmale Weg durch ein steiles Waldstück. Es ist überraschend, wie anstrengend das Steigen wird. Man ist darauf nicht vorbereitet. Auf der topografischen Karte, die der Deutsche Alpenverein herausgibt, Blatt „Bayerische Alpen: Mangfallgebirge Mitte", Maßstab 1:25000, zeigen die Höhenlinien eine Hangneigung von etwa 20 Grad an. Doch die Wirklichkeit ist viel komplexer. Dank der Linien erkennt man zwar schnell, wo man bergauf und wo bergab gehen muss. So liest man in einer Karte wie in einem Gemälde, und gewinnt dabei doch nur eine ungefähre Vorstellung davon, wie das Dargestellte tatsächlich aussieht. Denn vor Ort stellen sich immer wieder unerwartete Hindernisse in den Weg.

Steile Hangabschnitte etwa, die im Zwischenraum der Höhenlinien liegen und vom Wanderer doch ganzen Einsatz verlangen. Im Mischwald stolpere ich über Wurzelstöcke, die über den Pfad wuchern.

Jochspitze, Allgäuer Alpen. An ihrem Fuß führt ein Übergang vom bayerischen Oytal ins tirolerische Hornbachtal.

Vorige Seiten: Kurz nach dem schattigen Alpelesattel ragt der Südostkamm der 2258 Meter hohen Höfats auf. Dort verlieren sich die Pfadspuren im steilen, mit Gras durchsetzten Felsgelände, auch Schrofen genannt.

Höllhörner, Allgäuer Alpen. Vom Alpelesattel aus gleicht der Doppelgipfel zwei gekrümmten Hörnern.

Wasserfall im Wimbachtal, Berchtesgadener Alpen. An seinem Ende verengt sich das weite Tal zu einer schmalen Klamm, die das Wasser im Verlauf von Jahrmillionen in den Kalk gefräst hat.

Lainbachtal, Bayerische Voralpen. Eiskristalle im Spätherbst am Ufer des Lainbachs, einer der schönsten Wildbäche des nördlichen Alpenraums. Er mündet in den Kochelsee.

Wer den Rißbach im deutschen Teil des Karwendelgebirges so sehen will, braucht Steigeisen und Eispickel.

Folgende Seiten: Vom Altschnee schraffiert – an einem milden Frühlingsmorgen breitet sich ein Tiefdruckgebiet über Kramerspitz und Zugspitzmassiv aus.

Vom nassen, schweren Frühjahrsschnee geknickte Bäume versperren den Weg und zwingen zu Umwegen über den Waldboden, der noch halb gefroren und mit welkem Laub bedeckt ist. Wo sich der Wald verliert, haben sich Farne wie ein Reißverschluss über den Pfad geschlossen. Tastend bewege ich mich vorwärts, um auf dem lehmigen Pfad nicht auszurutschen. Das hat nur noch entfernt mit Gehen zu tun. Als versuchte man mit rudernden Armen auf einer vereisten Fläche vorwärtszukommen. Die Sohlen meiner Schuhe sind komplett verschmiert, als ich einen schwach ausgeprägten Sattel erreiche. Vor mir, in einem runden Talkessel, liegt lapislazuliblau der Riederecksee. Latschenkiefern und graue Felsblöcke säumen seine Ufer. Darüber erhebt sich, die einzelnen, schräg aneinander gelehnten Pfeiler wie eine gotische Kathedrale gen Himmel weisend, der Blankenstein. Man sieht ihm an, dass er einst ein Riff war. Entstanden vor 200 Millionen Jahren, gegen Ende der Trias, als sich abgestorbene Kalkalgen, Korallen, Muscheln und Schwämme Schicht um Schicht auf dem Meeresgrund ablagerten und mächtige Gesteinskörper bildeten. Im hellen Oberrätkalk des Blankensteins, durchsetzt von weißen Flecken und rötlichen Schlieren, sind Fossilien eingelagert. Kletternd findet man sie oft: Thecosmilia, Korallenstöcke, die auf fingerdicken Stängeln wuchsen. Sie sehen aus wie versteinerte Blumensträuße. Und in den Händen hält man ein Stück Erdgeschichte.

Unter den Schneeböden entlang quere ich den Nordhang, der 100 Meter unter mir in den Riederecksee eintaucht. Der Weg führt durch weichen Schotter, hie und da sind nur noch Trittspuren vorhanden. Ich mache einen Schritt nach oben, um anderthalb nach unten zu rutschen. Plötzlich stehe ich vor einem metertiefen Graben. Der Pfad ist weg, fortgerissen von einer Mure, ausgespült vom Schmelzwasser. Halt an freigelegten Wurzeln suchend, balanciere ich seitwärts durch die ausgewaschene Rinne. Im lockeren Gestein rutschen die Füße leicht weg. Hier hat sich die Natur ein zwei Meter langes Stück Zivilisation zurückerobert. Schon fühlt man sich nur noch halb so sicher.

Etwa 10 000 Kilometer lang ist das Wegenetz, das die bayerischen Alpen abdeckt. Im Westen führt es auf die breiten Rücken der Allgäuer Alpen, die lieblich aussehen, weil sie bis knapp unter die Gipfelhöhen von Gras bewachsen sind. Doch zugleich sind sie steil, hoch und unzugänglich. Weil sie die erste Barriere gegen die oft auftretenden Westwetterlagen sind, fangen sie regelmäßig starke Niederschläge ab. Ganz im Osten erschließen von Menschen gemachte Pfade die schroffe Steinwelt der Berchtesgadener Alpen, von den luftigen Graten des Hochkaltermassivs hinunter zu den breiten Schuttströmen, die langsam, aber unablässig durch das Wimbachgries Richtung Tal verfrachtet werden.

Zwischen diesen beiden Gebirgsgruppen steht die Zugspitze. Verschiedene Wege führen auf den höchsten Berg Deutschlands, der mit seinen 2962 Metern knapp die Dreitausendergrenze verfehlt. Einer durchmisst das wildromantische Reintal, vorbei an Reintalanger- und

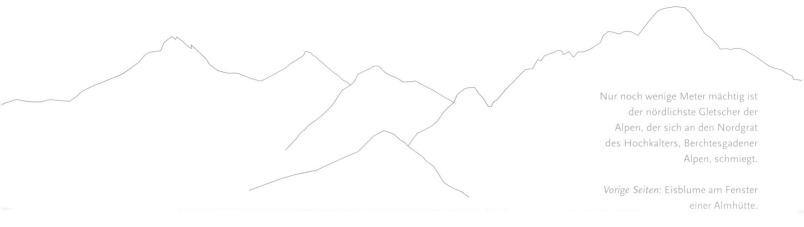

Nur noch wenige Meter mächtig ist der nördlichste Gletscher der Alpen, der sich an den Nordgrat des Hochkalters, Berchtesgadener Alpen, schmiegt.

Vorige Seiten: Eisblume am Fenster einer Almhütte.

Knorrhütte, auf das Karstplateau namens Zugspitzplatt. Eine Wüste aus grauem Stein ist das, durch die rote Punkte den Weg weisen. Bei Nebel kann man sich dort leicht verlaufen, obwohl die Zivilisation in Form von Seilbahnen, Hütten und Gipfelrestaurant nicht fern ist. Ein kürzerer, aber steilerer Anstieg auf das massive Bollwerk beginnt an der Höllentalklamm. Aalglatte, vom Wasser geschliffene Felswände fangen den Einfall des Lichts ab. Zwischen 1902 und 1905 bauten Arbeiter einen gesicherten Steig durch die 1026 Meter lange Schlucht: 2500 Kilo Sprengstoff und 14 000 Kilo Eisen kamen dabei zum Einsatz. Doch im Gebirge ist nichts für die Ewigkeit gebaut. Jahr für Jahr muss der Steig durch die Höllentalklamm, zerfleddert durch Lawinen und Steinschlag, wiederhergestellt werden. Nur so bleibt der Weiterweg offen: über die „Leiter", das „Brett", den „Grünen Buckel", den Höllentalferner und einen Klettersteig auf den Gipfel der Zugspitze.

Knapp zwei Stunden nach meinem Aufbruch erreiche ich das Joch, das den Blankenstein von seinem Nachbarn trennt, dem Risserkogel, dessen kegelförmige Gestalt an einen isländischen Vulkan erinnert. Ich klettere auf einen gut zwei Meter hohen Felsblock, er ist geformt wie ein Liegestuhl. Wenn man sich drauflegt, blickt man genau nach Süden, in die Sonne. Im Rücken hat man die Blankensteinnadel: ein vorgelagerter Turm mit einer Wand, so glatt, als hätte ein Riese den Hobel angesetzt. Hinter ihr führt der Westgrat auf den Gipfel des Blankensteins, der sich nach Osten in gezacktem Auf und Ab fortsetzt.

«Wie schön das alles ist», denke ich. Nicht, wie man sich etwas überlegt, das Für und Wider genau abwägt, zu einem Schluss kommt. Eher so, als würde man plötzlich feststellen, dass man zum Atmen ja Sauerstoff braucht.

Selbst die Eiszeiten konnten dem stolzen Kamm des Blankensteins nichts anhaben. Denn während riesige Gletscher die Gipfel der Bayerischen Voralpen zu runden Buckeln plätteten, ragten er und ein paar andere Felsgipfel aus dem Eismeer heraus. Das Relief fordert die Gipfelaspiranten bis heute. Selbst wer den leichtesten Weg wählt, muss am Blankenstein noch klettern. Die Beine in einer steilen Rinne verspreizt, suchen die Hände nach sicherem Halt. Wie Marmor glänzen Tritte und Griffe. Generationen von Bergsteigern haben sie mit ihrem Angstschweiß poliert.

Knapp eine Viertelstunde später stehe ich auf dem schmalen Gipfel. Wie damals, zum ersten Mal, vor 35 Jahren. Etwas wehmütig denke ich daran, dass zwischen den Sommertagen von einst und heute fast ein halbes Leben liegt. So viele Orte, Ereignisse und Geschichten, so viele verpasste Möglichkeiten und so viele Glücksfälle. Dieser hier zum Beispiel, dieser unbedeutende Gipfel südlich des Tegernsees, der sich zufällig vor meiner Haustür erhebt und an dem mir die Zeit nie lang wird.

„Zeitlang", das kann im Bayerischen „Langeweile" ebenso bedeuten wie „Sehnsucht" und „Heimweh". Wahrscheinlich hat mein Zeitlang nach dem Blankenstein viel damit zu tun, dass ich dort nie Zeitlang hatte.

Tagweidkopf, Mangfallgebirge. Bei minus 15 Grad wird auch die aufgehende Sonne die Felsen nicht vom Schnee befreien können.

Vorige Seiten: Tagelange Schneefälle und starke Westwinde schufen den Anraum an den Fichtenstämmen, als wenn sich der Schnee an die Bäume schmiegt. Gipfel der Benediktenwand, Bayerische Voralpen.

Fast zeitgleich mit dem Sonnenaufgang senkt sich der Vollmond hinter den Jubiläumsgrat, der Zugspitze (rechts) und Alpspitze (links, mit flachem Ostrücken) verbindet.

Folgende Seiten: Zwei Kletterer, ein Gipfelkreuz. An einem föhnigen Herbstmorgen zeichnet sich die Silhouette des Blankensteins vor den fernen Gipfeln der Hohen Tauern ab.

Österreichs Gipfel

In den Gletscherregionen der Hohen Tauern, der Zillertaler, Stubaier und Ötztaler Alpen liegen die höchsten Gipfel Österreichs. Doch wer sich der Natur aussetzen will, sollte auch das Karwendel besuchen.

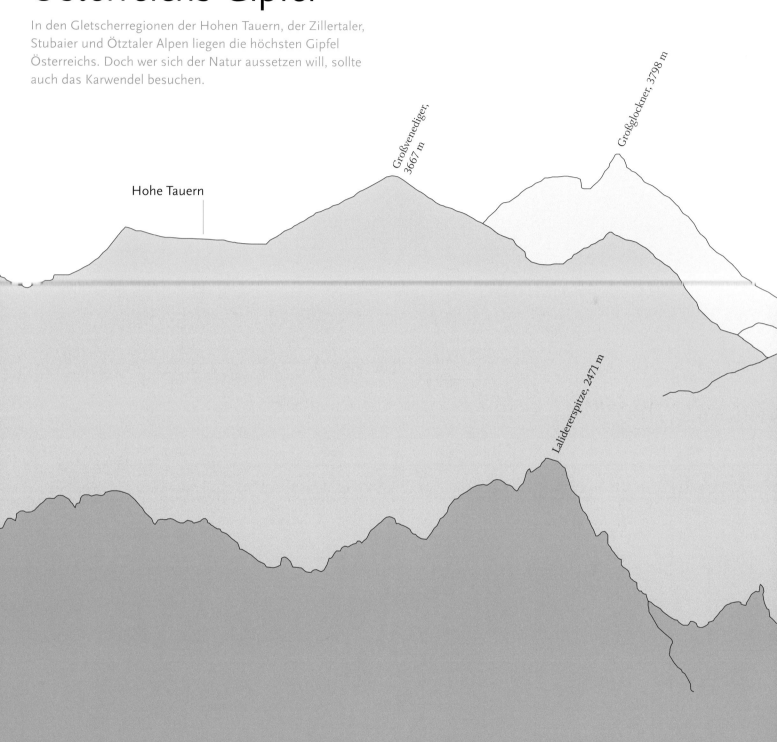

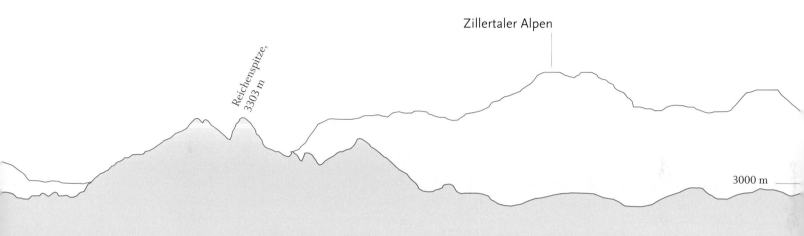

Zillertaler Alpen

Reichenspitze, 3303 m

Karwendelgebirge

Zur Demut gezwungen
Im Karwendelgebirge führen nur auf die wenigsten Gipfel bezeichnete Wege.

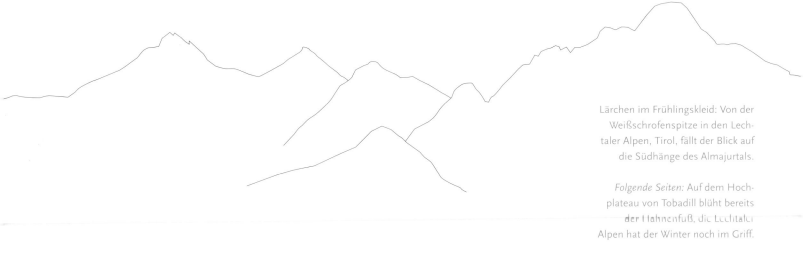

Lärchen im Frühlingskleid: Von der Weißschrofenspitze in den Lechtaler Alpen, Tirol, fällt der Blick auf die Südhänge des Almajurtals.

Folgende Seiten: Auf dem Hochplateau von Tobadill blüht bereits der Hahnenfuß, die Lechtaler Alpen hat der Winter noch im Griff.

Ein paar Schritte schon genügten. Die kleine Böschung hinunter, über die schmale Holzbrücke, hinab zum Ufer des Rißbachs, der die grauen, weißen und grauweiß-braunen Kieselsteine seines Bettes zu runden Handschmeichlern geschliffen hat. Ein paar Schritte nur, dann wäre man weg von der Straße. Man hörte die Autos nicht mehr, die von Hinterriß kommend in die Eng fahren, hinein ins Karwendelgebirge, das den Unerfahrenen nur durch dieses Tal so leicht zugänglich ist. Es wäre keine große Anstrengung, dann läge man rücklings, die Hände hinter dem Kopf verschränkt, auf den Steinen und spürte, dass die noch schwach strahlende Frühsommersonne sie schon leicht angewärmt hat. Man lauschte dem Murmeln des Wassers, bis man die hohen und tiefen, die kapriziösen von den gleichmäßig gurgelnden Tönen unterscheiden könnte. Man blickte von unten in die Berge, die sich wie Schattenrisse von einem blassblauen Himmel abheben.

«Diese Berge sind schweigende Lehrer. Sie diskutieren, argumentieren, überreden nicht. Sie drängen sich nicht in unser Bewusstsein», schrieb Reinhold Stecher, Alt-Bischof der Diözese Innsbruck und ein begeisterter Bergsteiger, einst über das Karwendel, das mächtige Gebirge, das sich zwischen Inntal und Isar, zwischen Achensee und Seefeld ausbreitet. Könnte man es von oben betrachten, sähe man vier Bergketten, die sich wie Rückenpanzer versteinerter Echsen von Ost nach West ziehen. Man sähe auch die drei tief eingeschnittenen Täler dazwischen, in denen nach harten Wintern die Almböden zartgrün leuchten und im Herbst goldgelb die Wälder. Darüber weicht fast alle Farbe. Fahle Geröllhalden, die bis weit in den Sommer hinein von weißen Altschneeresten gemustert werden, füllen die schlauchartigen Kare. Sie reichen heran an die kühnen, steilen und abweisenden, grauen und schwarzen Wände, die so dastehen, als übten dutzende Riesen den Schulterschluss, um den Menschen ihr Kleinsein vor Augen zu führen.

Dort will ich hin. Allein. Ich gehe gern allein ins Gebirge. So kann ich weitergehen, rasten, umkehren oder auf dem Kopf stehen, wann immer mir danach ist.

Auf dem Mountainbike folge ich der breiten Forststraße, die quer zum Rißtal ins Johannestal führt. Gute fünf Kilometer ist dieses lang, eingebettet zwischen jäh ansteigenden Hängen, der Weg gesäumt von dichten Nadelwäldern. Das Fahren bergauf ist anstrengend, und ich merke, wie meine Atmung zum dominierenden Geräusch wird, wie sich mein Blick mehr und mehr nach innen richtet, wie der Kampf mit dem inneren Schweinehund einen Großteil meiner Energie in Anspruch nimmt.

Das will ich nicht. Ich bin nicht hierhergekommen, um mich zu verausgaben. Ich will etwas mitnehmen. Eindrücke sammeln. Momente festhalten. An der nächsten Kehre, dort wo der Wind eine Schneise ins Holz geschlagen hat, halte ich an. Warte, bis sich mein Puls beruhigt hat. Dann schaue ich. Betrachte den Hauptkamm des Karwendels, in dem sich mit der Birkkarspitze der höchste Gipfel des Gebirges erhebt.

Ein Eschen-Scheckenfalter landet auf einem Wald-Geissbart, Nationalpark Kalkalpen, Oberösterreich.

Vorige Seiten: Der erste Schnee auf Herbstlaub im Karwendelgebirge, Tirol. Darunter rauscht der Rißbach durch seine Schlucht.

Ein kilometerlanges Bollwerk, dessen Nordabbrüche so gewaltig sind, dass sie den Blick unweigerlich fangen. Es geht ein eigentümlicher Sog von dieser Landschaft aus. Sie zwingt einen näherzutreten, ganz nahe, da sie sich nur so begreifen lässt: Wenn man sie greifen kann. Das Gras, den Erdboden, den Schotter, die Felsen. So stellt sich im Karwendel schnell ein Paradox ein. Obwohl es sich nicht auf die Schnelle durchschreiten lässt, obwohl man lange Wege aushalten, sich über Stunden hinweg engagieren, sich Zeit nehmen und lassen muss – obwohl das Karwendel den Wanderer, Bergsteiger und Kletterer zur Demut zwingt, will man immer weiter hinein ins Gebirge.

Vielleicht ist dieses Streben auch eine kleine Flucht: vor den Menschen und den Beziehungen, vor dem Büro und dem Computer, vor dem Vernetzt-Sein und der Flut an Informationen, vor den Häuserschluchten und den Staus, vor den Anforderungen, die man erfüllen muss, und vor dem Alltag, in dem man steckt.

Ich steige wieder aufs Rad. Links und rechts des Johannestals sind die Kare, einst von eiszeitlichen Gletschern zu kesselförmigen Amphitheatern ausgefräst, mit langen Schutthalden gefüllt. Diese transportieren das Gestein Richtung Tal, wo sie sich im immergrünen Gesträuch der Latschenkiefern verlaufen. Es läge nahe, den Namen „Karwendel" von dieser typischen Landschaftsform abzuleiten. Tatsächlich fußt er aber auf dem germanischen „Gerwentil", was so viel wie „Speerwender" bedeutet. Ein Träger dieses Namens besaß einst einen Hof am Fuß des Gebirges, die Gerwendelau, und die dazu gehörige Alm wurde Karwendl genannt, bevor sich der Name für das gesamte Gebirge zwischen Seefeld und Achensee durchsetzte.

Wo das Johannestal wie eine Stichstraße auf den quer liegenden Hauptkamm des Karwendels trifft, öffnet sich der Fichtenwald zu einer nahezu runden Lichtung, dem Kleinen Ahornboden. Ich lehne mein Fahrrad an einen der knorrigen Bäume. Die ältesten von ihnen stehen hier seit 600 Jahren. Wie eine Fußballmannschaft vor dem Anpfiff verteilen sie sich über die bucklige Wiese. Die Wurzeln des Baumes haben halbmeterhoch die Erde durchbrochen, bilden ein hölzernes Halbrund, in das ich mich hineinsetze. Noch trauen sich die jungen Blätter nur zaghaft aus ihren Knospen. In einem halben Jahr werden sie in feurigem Goldgelb leuchten. Jahr für Jahr wiederholt sich dieses Naturschauspiel, das im Großen Ahornboden – er liegt ein Stockwerk tiefer im Rißtal – die Spaziergänger in Scharen anzieht.

Das ist kein Wunder, denn der Große Ahornboden ist mit dem Auto erreichbar. Irgendein findiger Geist hat ihn deshalb unter die touristischen „Top 10 des Alpenparks Karwendel" gereiht, der mit 727 Quadratkilometer Fläche fast so groß wie Hamburg ist. Wer 300 Euro bezahlt, kann die Patenschaft für einen nachgepflanzten Ahorn erwerben. Dafür wird an einem Schutzzaun der Name des Paten gut sichtbar angebracht.

Trotz dieser behutsamen Art der Landschaftspflege verstehe ich nicht, warum das bereits 1928 unter Schutz gestellte Karwendel seit 2008 „Alpenpark"

Über die Westhänge des Seekogels in den Lechtaler Alpen führt kein Wanderweg. Hier sind Rudel von bis zu 50 Steinböcken unterwegs.

Ein hausgroßer Steinblock hat über dem Passeiertal, beim Seewisee in den Lechtaler Alpen, kurz vor dem nächsten Abhang seinen vorläufigen Platz gefunden.

Heidelbeerstrauch, Berliner Hütte, Zillertaler Alpen. Im Hintergrund glitzert das herbstliche Schmelzwasser des Hornkees.

Alpenschneehuhn, Hochpleisspitze, Lechtaler Alpen. Bereits im Frühsommer ist es mit seinem bräunlichen Sommergefieder gut getarnt. Sobald es schneit, legt es wieder sein weißes Kleid an.

Folgende Seiten: Hoch über dem Inntal blüht die robuste Aurikel auf steinigem Rasen, Geröll und in Felsspalten. Die Sonne gleißt über dem Falschkogel.

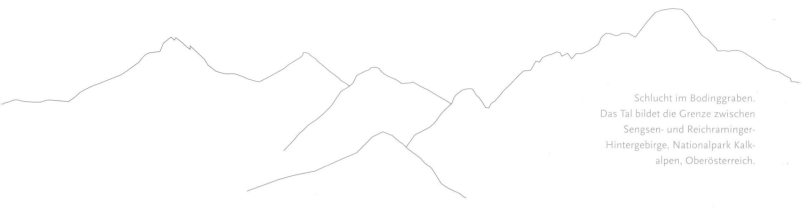

Schlucht im Bodinggraben. Das Tal bildet die Grenze zwischen Sengsen- und Reichraminger-Hintergebirge, Nationalpark Kalkalpen, Oberösterreich.

genannt wird. Deutet dies doch an, es handele sich bei dem Gebirge um eine Landschaft, die der Mensch geschaffen und gestaltet habe. Hat er natürlich auch zum Teil, mit Straßen, Wegen, Steigen, Hütten, Almen, Jägerständen, mit zwei Seilbahnen an den Rändern des Gebirges und einem umstrittenen Informationszentrum, das aussieht wie ein Fernrohr. Und dennoch hat er mit all diesen Bauten nur am Rand des Karwendels gekratzt, dass so viel Wildnis geblieben ist wie in alpiner Kulturlandschaft möglich. „Alpenwildnis Karwendel", dieser Name würde mir gefallen. Weil er in sich die Hoffnung trüge, dass auch in Zukunft nicht am Herz des Gebirges operiert wird.

Unterdessen ist der morgendliche Dunst über den Wiesen aufgestiegen und hat sich wie ein durchsichtiger Schleier zwischen die Nordabstürze von Kaltwasserkar- und Birkkarspitze und die darunter liegenden Kare geschoben. Er bricht das Sonnenlicht, das sich wie Konfetti in der Landschaft verteilt. Mal blitzt es in einer Baumkrone auf, mal an einem Felspfeiler, dann wirft es einen Spot ins Geröll, lässt das Wasser des Baches schimmern, der über den Kleinen Ahornboden mäandert. So rein ist die Luft, dass es wirkt, als läge eine dünne Schicht goldenen Staubs über den Bäumen, Steinen, Graten und Gipfeln.

Und über dem Denkmal, das am Waldrand aufgestellt wurde, dem Alpenerschließer Hermann von Barth zu Ehren. 1845 am Nordrand der bayerischen Alpen auf Schloss Eurasburg geboren, unternahm von Barth bereits als Jugendlicher lange Touren in die umliegenden Wälder. Später zog er nach München, wo er Jura studierte. 1868 begann er am Landgericht Berchtesgaden zu arbeiten, am Fuß des Watzmanns startete er seine alpinistische Karriere. Getrieben von Abenteuerlust, einem draufgängerischen Wesen und Neugierde, erkundete von Barth binnen drei Jahren die Berchtesgadener und Allgäuer Alpen sowie das Wettersteingebirge. Zu dieser Zeit hatte die Zugspitze noch kein Dutzend Besteigungen. Auf die Gipfel der Berge führten keine Wege, der Bau von Schutzhütten war noch nicht einmal angedacht. Im Sommer 1870 wandte sich von Barth dem Karwendel zu. Noch gab es keine alpine Spezialausrüstung, die Bergsteiger jener Zeit mussten improvisieren. Von Barth trug Lodenjanker und eine Leinenhose, die er am Knöchel zusammenband, um nicht über den Saum zu stolpern. Seine flachen Lederschuhe waren an der Sohle genagelt. Er hatte ein Paar Steigeisen, wie sie die Bergbauern an steilen Hängen verwendeten. Um im Geröll das Gleichgewicht halten und über Bäche springen zu können, trug er einen langen Alpenstock bei sich. In seinem Rucksack: eine bruchsichere, mit Wasser gefüllte Champagnerflasche, Kaffeepulver und „Liebigs Fleischextrakt".

Auch im Karwendel zeigte sich von Barth unermüdlich. In wenigen Monaten bestieg er 88 Gipfel, zwölf waren zuvor nie von Menschen betreten worden. Von anderen hingegen schon. Den Weg auf das Felsdreieck des Risser Falk etwa, der seine Südwand dem Kleinen Ahornboden zuwendet, fand von Barth

Vom Gletscher geformt: Felsen im Innergschlöss, Hohe Tauern, Osttirol.

Vorige Seiten: Zu den fünf Faselfadseen im Verwall, Tirol, führen keine Wege. Wer die Mühe dennoch auf sich nimmt und früh genug aufbricht, sieht den Morgennebel aus dem Verwalltal aufsteigen.

Im Steilen zu Hause: Steinbock im Geigenkamm, Ötztaler Alpen, Tirol.

Ausklingende Almsaison: Schafherde auf der Hohen Rams, Dachsteingebirge, Steiermark.

Aufgehende Frühlingssonne: Schattenspiele im Tal der Steinberger Ache, Rofangebirge, Tirol.

Die Falkenhütte duckt sich vor der Nordwand der Laliderspitze, Karwendelgebirge, Tirol.

Folgende Seiten: Frühmorgens auf der Birkkarspitze, mit 2749 Metern der höchste Gipfel des Karwendels. Dahinter die nahen Ödkarspitzen und das Zugspitzmassiv.

nur, weil er einem Rudel Gämsen hinterherkletterte. Über seine spontane Entscheidung schrieb er später: «Der Gedanke, dass etwa die Gämsen auch nicht so gar kletterwüthig seien und sich die relativ besten Pfade aussuchten, gewann Raum und die etwas herabgestimmte Zuversicht begann von Neuem sich zu regen.» Die Freude an der Naturbeobachtung veranlasste von Barth 1872, die Juristerei aufzugeben, um Geologie, Mineralogie und Paläontologie zu studieren. In die Berge ging er kaum mehr; seine Beobachtungen fasste er 1874 in dem Mammutwerk „Aus den Nördlichen Kalkalpen" zusammen. Es gilt bis heute als eines der wichtigsten Dokumente der Alpenerschließung.

Am Kleinen Ahornboden verstecke ich das Mountainbike hinter Büschen. Ich wende mich Richtung Westen und folge dem breiten Pfad Richtung Hochalmsattel, der Teil des Tiroler „Adlerwegs" ist. Dieser führt von St. Johann im Tiroler Unterland bis St. Anton am Arlberg. 280 Kilometer Strecke sind das, 23 000 Höhenmeter rauf und runter, am Fuß des Wilden Kaisers entlang, durch das Rofan und ins Karwendel, ein Abstecher nach Innsbruck und weiter ins Wettersteingebirge, bis man die Lechtaler Alpen erreicht. Einmal quer durch die Beletage der Nördlichen Kalkalpen. Und welche Blicke man hat! Auf Dachstein, Tennengebirge und Hochkönig, die Felsenschlösser des Salzburger Landes. Am Horizont der Großglockner, mit 3798 Metern der höchste Berg in Österreich. Etwas westlich der Großvenediger, 3667 Meter, ein gleichschenkliges Dreieck über weiten Gletschern.

Die grasigen Kuppen der Kitzbühler Alpen, dahinter die wilden Zillertaler, eine Zackenkrone aus Stein und Eis. Die Lücke, die der Brennerpass in den Alpenhauptkamm schlägt. Und schließlich Stubaier und Ötztaler Alpen, Silvrettagruppe, Verwall und Rätikon – doch Halt, da ist man schon halb in der Schweiz.

Ich folge dem Weg noch ein kurzes Stück, dann biege ich ab. Ohne Weg. Mein Ziel ist der Kuhkopf, laut Alpenvereinsführer 2390 Meter hoch, «auch Kreuzwand oder Kreuzgrat genannt, ein aus der Kette nur wenig hervorragender Gipfel». Dafür ein hervorragender Aussichtsberg, der den Blick freigibt in alle Himmelsrichtungen. Stetig gewinne ich im steilen, von Felsen durchsetzten Gras an Höhe. Vorsichtig setze ich einen Fuß vor den anderen. «Gehen in weglosem Gelände» – so steht es in der alpinen Ausbildungsliteratur. Rein technisch bedeutet das: in Serpentinen gehen, den Fuß fest und mit der ganzen Sohle aufsetzen, Graspolster als Trittfläche nutzen, auf lose Steine achten. Darüber hinaus heißt das Verlassen der ausgetretenen Pfade viel mehr: auf die Atmung achten, den eigenen Rhythmus finden, seine Kraft richtig einschätzen und in Einklang mit dem Gelände bringen. Es bedeutet, aufmerksam und wach zu sein, die richtigen Entscheidungen zu treffen. Und es bedeutet, die Freiheit, die man sich nimmt, eigenverantwortlich auszuschöpfen.

Kurz bevor ich den ausgesetzten Grat erreiche, der sich s-förmig Richtung Gipfel aufschwingt, treffe ich auf einzelne Steinmänner. Andere waren vor mir

Winterabend über dem Wolkenmeer auf der Hafelekarspitze, Karwendelgebirge.

Vorige Seiten: Über dem Gaistal erheben sich zwei Gebirge. Links das Wettersteingebirge, rechts die Mieminger Kette mit Hoher Munde (links), Hochwand und Hochplattig.

Sommermorgen am Gerlossee, Reichenspitzgruppe, Zillertaler Alpen.
Eine Wolkenfront zieht auf.

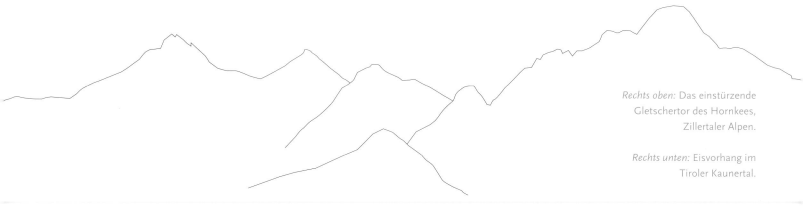

Rechts oben: Das einstürzende Gletschertor des Hornkees, Zillertaler Alpen.

Rechts unten: Eisvorhang im Tiroler Kaunertal.

hier, haben lose Steine gesammelt, sie aufeinandergeschichtet. Es hat etwas Beruhigendes, auf diese Wegmarken zu treffen. Mein Instinkt hat mich richtig geführt. Zugleich bin ich etwas enttäuscht, weil mir die menschlichen Zeugnisse das Gefühl rauben, etwas Einzigartiges zu unternehmen.

Als ich einen großen Felsblock umrunde, höre ich plötzlich das Geräusch fallender Steine. Reflexartig suche ich Deckung, bis sie an mir vorbeigerollt sind. Dann höre ich ein schrilles Pfeifen. Ich schaue hinauf. Ein aufgeschrecktes Rudel Gämsen quert den Hang über mir. Es sind 18 Tiere. Die alten haben die jungen zwischen sich genommen, treiben sie auf die Nordseite des Grates, wo die Hänge noch steiler und nass sind. Sie bewegen sich leichtfüßig, voller Kraft und Anmut zugleich. «Gazellen der Alpen», so hat Hermann von Barth die Gämsen genannt.

Inzwischen hat der Wind, der mich seit dem Morgen begleitet, stark aufgefrischt. Der Himmel ist zwar kristallklar, doch in seinem Blau schwimmen linsenförmige Lenticulariswolken. Föhn hat sich eingestellt, entstanden aus feuchten Luftmassen, die von einem Genua-Tief an die Karwendel-Gipfel gepresst werden, sich abkühlen, abregnen, dann nach Norden hin absinken und das Land mit stürmischer Luft fluten. Ich befinde mich genau an der Wettergrenze. Über dem Kuhkopf scheint die Sonne. Nur zwei Kilometer südlich, über den Nordwänden von Laliderer-, Dreizinken- und Grubenkarspitze, türmen sich graue Wolken zu einer gewaltigen Föhnwalze. Als sei eine brandende Welle mitten in ihrer Bewegung erstarrt, und in Zeitlupe wüchse ihre Gischt immer höher.

Unter den Wänden, die fast einen Kilometer über sie hinwegragen, nimmt sich die Falkenhütte winzig aus. Wie ein kleiner brauner Legostein versteckt sie sich auf dem Spielissjoch, von meinem Standpunkt aus kaum zu sehen. Ich kenne nur wenige Orte in den Nordalpen, an denen die Gegensätze so unmittelbar aufeinandertreffen. Im Tal die sanften Böden der Ladizalm, die gleichmäßig zur Falkenhütte hinauf ziehen. Azurblaue Frühlingsenziane, weiße Betten aus Silberwurz, lila Mehlprimeln, rotbraune Braunellen und rosarote Leimkrautpolster stehen dort, lieblich und schön. Doch wie abrupt verlieren sie sich im grauen Geröll der Laliderer Reißen! Und wie vergänglich scheint dieses Idyll angesichts der ewig-wehrhaften Steilwände, die über ihm thronen.

Als ich mich wieder meinem Ziel zuwende, fängt sich der Wind mit einem lauten Schlag in den Felsen des Grates. Wie ein Peitschenknall klingt das, und ich muss aufpassen, nicht aus dem Stand geworfen zu werden. Kriechend suche ich mir eine geschützte Nische. Warte ab, eine halbe Stunde vielleicht. Dann muss ich einsehen, dass ich mein Ziel heute nicht erreichen werde. Ich steige ab.

Ich habe genug gestaunt, gegriffen, begriffen. Es gibt Räume und Zeiten, die auf Dauer nicht für den Menschen gemacht sind.

Wolkenschwerer Sommertag: Neuschnee am Schalfkogel, Ötztaler Alpen.

Vorige Seiten: Der Gipfel des 2995 Meter hohen Dachsteins setzt sich eine Wolkenhaube auf. Das filigrane Gebilde kündigt einen winterlichen Wetterumschwung an.

Mondlose Winternacht: Sternenhimmel über der Rendelspitze, Verwall.

Folgende Seiten: Stete Nordwinde haben die Gipfelwechte, den Schneeüberhang an der Rendelspitze im Verwall geformt. Dahinter zeichnet die Abenddämmerung die Lechtaler Alpen in Pastell.

Sloweniens Gipfel

In Slowenien liegt das südöstliche Ende des großen Alpenbogens. Dort steht ein massives, karstiges Bollwerk: die Julischen Alpen.

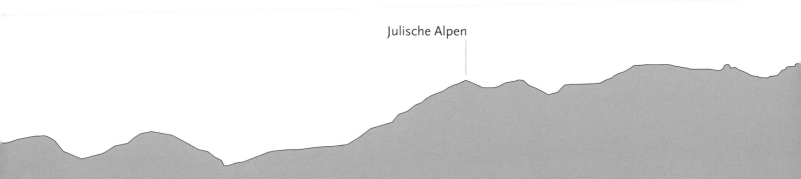

Der Dreiköpfige

Wer den Triglav besteigt, den höchsten Gipfel Sloweniens, nähert sich einem Mythos.

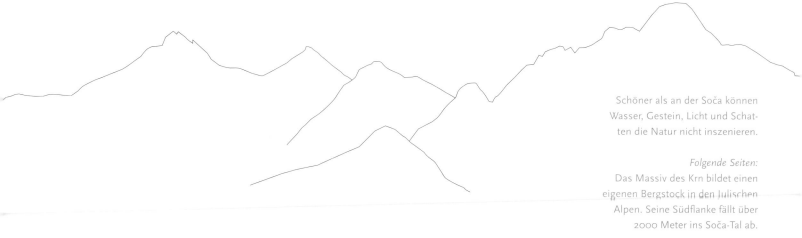

Schöner als an der Soča können Wasser, Gestein, Licht und Schatten die Natur nicht inszenieren.

Folgende Seiten:
Das Massiv des Krn bildet einen eigenen Bergstock in den Julischen Alpen. Seine Südflanke fällt über 2000 Meter ins Soča-Tal ab.

Der Triglav lag eine sehr lange Zeit sehr weit entfernt. Er fand nicht statt in meinem alpinen Leben. Weil ich die Berge im Dreiländereck Österreich, Italien, Slowenien tief im Osten verortete, in einem Niemandsland, jenseits einer Grenze, die eine bewegte Geschichte in den Köpfen der Menschen verankert hatte. Erst mit dem Beitritt Sloweniens zur Europäischen Union änderte sich das. Das Gebirge, welches das altrömische Patriziergeschlecht der Julier im Namen führt, rückte in meiner Liste offener Ziele sehr weit nach oben.

Seitdem habe ich die Julischen Alpen immer wieder besucht. Es ist kein großes Gebirge. Doch es ist so voller Eigenarten, dass ich es immer wieder durchstreifen möchte. Bereits die Anfahrt, von Norden über den Wurzenpass, ist ein Fest. Wie auf dem Präsentierteller liegen die Berge da. Abrupt aufragend über dem Tal der Sava, mächtig, abweisend, trutzig wie eine Phalanx von Ritterburgen. Es ist dann gar nicht mehr weit: den Pass hinunter, vorbei am Skizentrum von Kranjska Gora, wo sommers die Hotels leer stehen, im Bergsteigerdorf Mojstrana rechts abgebogen und schon bin ich im Vrata-Tal. Gut zehn Kilometer macht es sich lang, bevor es den Fuß des Triglav berührt. Ab hier geht es nur noch zu Fuß weiter, hinauf auf den Berg, der für die Slowenen nicht nur ein Berg, sondern ein Wahrzeichen ist.

2864 Meter misst er, der höchste der Julier. Auf ihm müsse, so heißt es, jeder Slowene einmal in seinem Leben stehen. Denn seitdem er am 26. August 1778 von den beiden Bergbauarbeitern Luka Korošec und Matevš Kos, dem Jäger Štefan Rožič und dem Apotheker Lovrenc Willomitzer erstbestiegen wurde, ist der Triglav ein Symbol staatlicher Einheit und Unabhängigkeit. Immerhin ist Slowenien der einzige europäische Staat, dessen Nationalflagge ein Gipfel ziert – so sehr lieben die Menschen ihren Berg. Diese Liebe wurzelt in heidnischen Überlieferungen, die im 18. und 19. Jahrhundert, als man die Julischen Alpen systematisch erforschte, wiederbelebt wurden. Zum Beispiel gibt es einen Mythos, der den Triglav mit seinen Gipfelhöckern als dreiköpfige Gottheit interpretiert, die über Himmel, Erde und Unterwelt wacht. Zu Beginn des 20. Jahrhunderts schrieb der Bergsteiger und Schriftsteller Julius Kugy: «Der Triglav ist kein Berg – er ist ein Königreich!»

Auf jeden Fall ist er ein komplexes Massiv, das von einem Geflecht aus Pfaden überzogen ist. Das ist sehr schön, denn man kann sich dem Triglav auf ganz verschiedene Weise nähern: sehr schnell und steil hinauf oder gemächlich aufsteigend, über mehrere Tage hinweg. Bergsteiger können ihn von Norden nach Süden, von Osten nach Westen überschreiten. Sie können ihn umrunden. Das ist ja das Schöne an den Wegen im Gebirge: Sie führen nie in nur eine Richtung.

Ich habe mich für den Aufstieg von Norden entschieden. Flach zunächst, dann leicht bergauf führt mein Weg von der Herberge Aljažev dom ins Vrata-Tal hinein. Hin und wieder schimmert das Grau der Felsen durch die Baumkronen, bis der Wald licht ist und der Triglav plötzlich ganz nahe. Weit muss ich den Kopf in den Nacken legen, um die Höhe seiner düsteren Nordwand zu erfassen. Sie ist so imposant, dass slowenische

In manchen Uferplatten der Sieben Seen sind Ammoniten eingelagert, versteinerte urzeitliche Schnecken.

Im dunklen Grün eines der Sieben Seen spiegelt sich das Licht der Morgensonne.

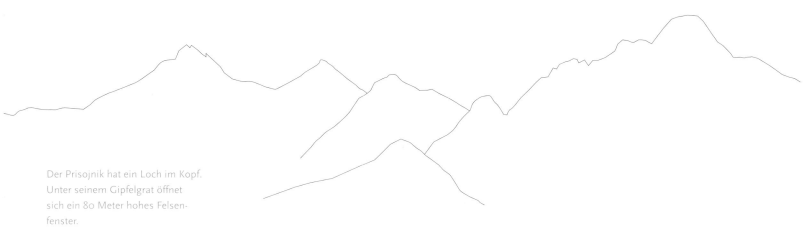

Der Prisojnik hat ein Loch im Kopf. Unter seinem Gipfelgrat öffnet sich ein 80 Meter hohes Felsenfenster.

Bergsteiger die 1200 Meter hohe und drei Kilometer breite Festung aus Pfeilern, Wänden, Schluchten und Graten nur „die Wand" nennen. Im Jahr 1890 fand der Wildschütz Ivan Berginc aus Trenta eher unabsichtlich einen Weg hindurch, auf der Pirsch nach Gämsen. Heute gibt es dort an die 100 Routen, die kaum Besuch erhalten. Zu brüchig ist der Fels, zu schlecht die Absicherung, zu gefährlich ein solches Unternehmen.

Als wolle der Weg eine Umleitung machen, führt er am rechten Rand der Nordwand hinauf. Manchmal kommt er der Unnahbaren ganz nahe. Dann erkenne ich, dass eine Felswand, die aus der Ferne wie eine große architektonische Einheit wirkt, viele Facetten hat. Dass Licht und Schatten ihre Konturen immer wieder anders formen, je nach Sonnenstand. Dass sich ihr Profil verändert, je höher ich komme. Dass es Nischen gibt, Höhlen, Rinnen und Bänder, die die Wand strukturieren wie Falten ein menschliches Gesicht. Erst loses Geröll, das den letzten Aufschwung zum Luknja-Pass bedeckt, zwingt mich zu konzentriertem Gehen.

Dafür hält die Passhöhe neue Sensationen bereit. Tief im Schatten liegt das Korita-Tal, darüber erhebt sich das grün-graue Gebirge, gebaut aus meterdicken Kalkschichten, die den Fels linieren.

Auf einer früheren Tour stieg ich hier ein Stück ab und querte Richtung Süden, hinüber ins Sieben-Seen-Tal, eines der schönsten Alpentäler. Vom Dolič-Pass zieht es sich wie ein gestauchtes S nach Süden. In seinem Grund liegen wie an einer Perlenkette aufgereiht sieben Gebirgsseen mit reinem, smaragdfarbenem Wasser. In den glatten Uferplatten des „Großen Sees" sind Ammoniten festgebacken, urzeitliche Schnecken, die mich daran erinnerten, dass das Gebirge einst einem viel größeren Gewässer entwuchs.

Ich folgte dem Tal, vorbei an der Koča pri Triglavskih jezerih, der Sieben-Seen-Hütte. Unterhalb änderte sich Schritt für Schritt die Vegetation. Aus der steinigen Welt des Hochlands tauchte ich ein in eine blühende Umgebung. Aurikel gediehen dort, Knollenblumen, Julischer Mohn, die Krainer Lilie, orange mit schwarzen Punkten. Sie wächst nur in den Julischen Alpen. Kurz oberhalb des Bohinjsko jezero, des Wocheiner Sees, wurde auch die Luft anders. Sie roch schwer und süß, wie in einem großen Gewächshaus der Natur.

Doch heute verlasse ich den Luknja-Pass nach einer Pause, um weiter Richtung Triglav zu steigen. Ab jetzt muss ich Hand anlegen. Das Gelände steilt sich auf, wird nahezu senkrecht. Eisenstifte sind in den Fels geschlagen, mit Stahlseilen verbunden. Sie markieren den Verlauf des Bamberg-Wegs, dem ich eine Stunde lang über glatte, mit losem Schutt bedeckte Felsaufschwünge folge. Ich bin froh, einen Helm auf dem Kopf zu tragen, immer wieder muss ich mich vor herabfallenden Steinen ducken, die Wanderer über mir losgetreten haben.

Die Gefahr ist erst dort vorüber, wo sich die Hänge zur ausgesetzten Schneide des Nordwestgrats zuspitzen. Hier darf ich nicht stolpern, denn linker Hand bricht haltlos „die Wand" ab, knapp 1000 Meter tiefer fußt sie im Vrata-Tal. Atemberaubend ist auch der Blick nach rechts, hinunter zur Soča. Kristallklar, türkis

Alpen-Glockenblumen trotzen den lebensfeindlichen Bedingungen auf den kalkigen Böden des Triglav.

Auf dem Gipfel des Bovski Gamsovec hat sich eine Steinbock-Familie eingefunden. Die Jungen können vom ersten Tag ihrer Geburt an laufen, werden aber ein Jahr lang von der Mutter gesäugt.

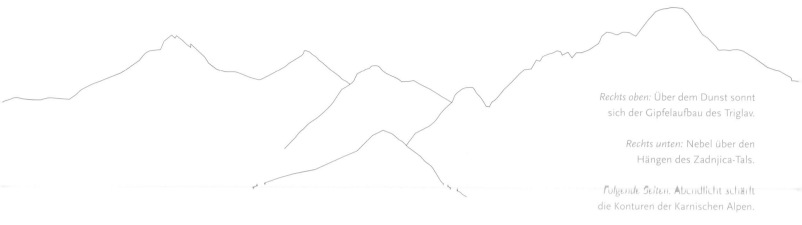

Rechts oben: Über dem Dunst sonnt sich der Gipfelaufbau des Triglav.

Rechts unten: Nebel über den Hängen des Zadnjica-Tals.

Folgende Seiten: Abendlicht schärft die Konturen der Karnischen Alpen.

leuchtend, schneidet sich der Fluss in sanften Kurven ein Band durch den weißen Kalk der eng stehenden Berge. In seinem Oberlauf stellt sich ein Karstriegel in den Weg. Dort schäumt und gurgelt das Wasser an den polierten Wänden entlang, entfließt in die Unterwelt, rotiert in ausgewaschenen Bahnen, wird durch natürliche Röhren gepresst, von Unterspülungen verschluckt, bevor sich nach 800 Metern das Korsett wieder öffnet und der Fluss beruhigt seine Bahn zieht. In seinen Biegungen schimmern gelblicher Sand und Kies durch das klare Wasser, während sich an tieferen Stellen das Auge in unergründlichem Grün verliert.

Dort ist das Reich der Marmorata-Forelle, eines scheuen Endemiten, der nach dem Ersten Weltkrieg als ausgerottet galt. Damals stand der Fisch auf dem Speiseplan der im Tal verschanzten Armeen. Die kapitalsten Exemplare, die den Soldaten ins Netz gingen, waren über einen Meter lang und wogen um die 25 Kilo. Der Versuch, den scheuen Fisch in der Soča wiederanzusiedeln, wurde durch die Konkurrenz mit der Regenbogenforelle erschwert. Erst seit einigen Jahren tragen die hartnäckigen Versuche Früchte. Die Marmorata-Forelle, deren silbrig-olivgrüne Färbung mit dunklen Linien und Punkten ein marmoriertes Muster bildet, ist wieder heimisch geworden.

Ich gewinne schnell an Höhe, bis sich ein weitläufiges, graues Plateau vor mir öffnet. Wo die Sfinga, die „Sphinx", ein markanter Nordwandpfeiler, ihre glatte Stirn gen Himmel reckt, führt der Weg über karstige Steinfelder, die aussehen wie ein zerfurchter Elefantenrücken. Über die ungeschützte Fläche weht ein kräftiger Wind. Nur noch ein letzter, steiler Aufschwung liegt zwischen mir und dem Gipfel. Eine mineralische Welt, Zlatorogs Reich. Der weiße Gamsbock mit den goldenen Hörnern hütete einst einen blühenden Alpengarten und einen Schatz im nahen Berg Bogatin. Eines Tages wollte ihm ein Jäger den Schatz stehlen. Doch Zlatorog stieß ihn in den Abgrund und verwüstete aus Zorn seinen Garten, bis der nackte Kalk zum Vorschein kam. Mit seinen Hörnern zog er Ritzen und Rillen in den Stein, Spuren für die Ewigkeit.

Den Gipfel des Triglav markiert ein kleines Türmchen: der Aljažev stolp, gestiftet von Pfarrer Jakob Aljaž. 1895 hatte er fünf Quadratmeter Gipfelfläche zu einem symbolischen Preis erworben, um dort das bescheidene Bauwerk zu errichten, das Bergsteigern Schutz vor Wetterumschwüngen bietet. Ich bin froh über den Windschatten. So kann ich die Aussicht besser genießen: im Norden der Špik, die „Lanzenspitze", die mit ihrem gleichschenkligen Gipfelaufbau den Höhenzug der Karnischen Alpen zu kitzeln scheint. Etwas westlich, im blauen Dunst, der Jalovec. Er sieht mit seinen markanten Graten aus wie ein geschliffener Edelstein, doch sein Felsenkleid ist rissig. Dahinter sind schon die ersten Dolomitengipfel zu erahnen. Wenn ich mich umdrehe, blicke ich über die Wälder und Almböden der Pokljuka hinunter auf den Bleder See. Weit im Süden schimmert graublau die Adria.

So ist das, wenn man auf einem Berg am Rand der Alpen, aber mitten in Europa steht.

Italiens Gipfel

Majestätische Viertausender, trutzige Gletschergipfel, felsige Bastionen: An Vielfalt sind die italienischen Alpen kaum zu überbieten. Und mit dem Val Grande beherbergen sie auch ein wahres Wildnisrefugium.

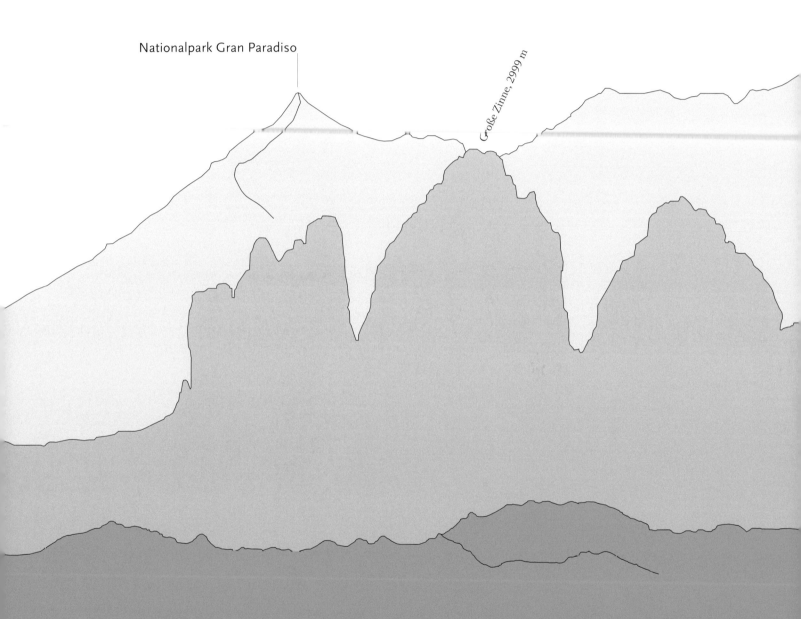

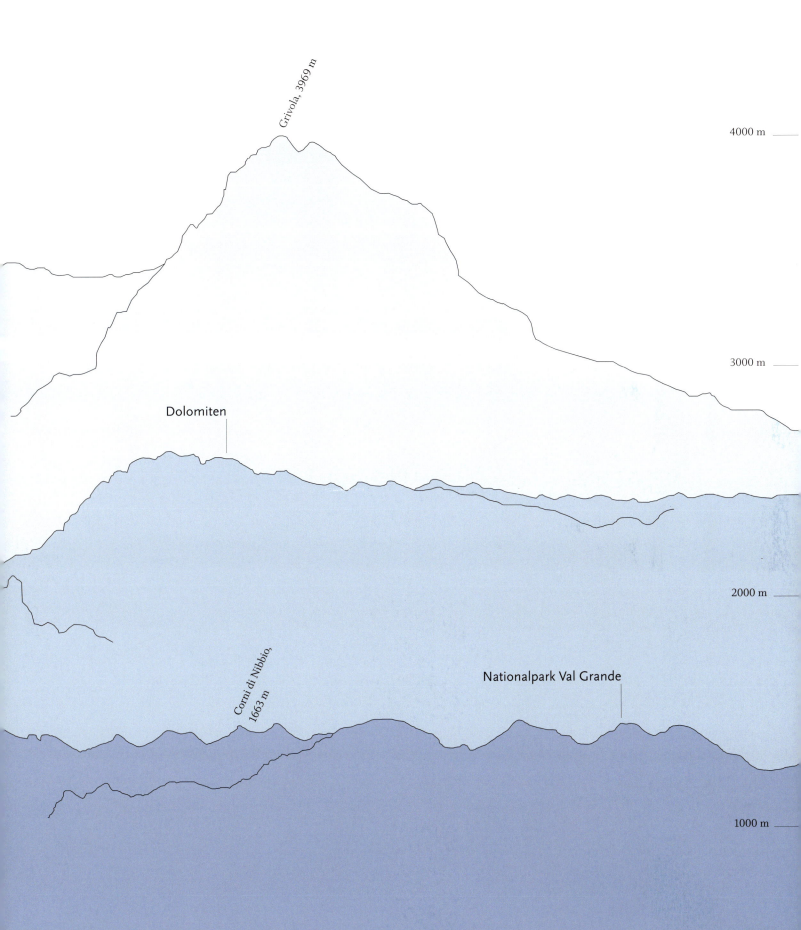

Das letzte Paradies

Im Val Grande holt sich die Natur zurück, was ihr einst allein gehörte.

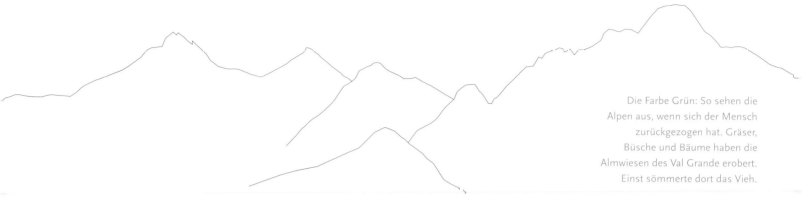

Die Farbe Grün: So sehen die Alpen aus, wenn sich der Mensch zurückgezogen hat. Gräser, Büsche und Bäume haben die Almwiesen des Val Grande erobert. Einst sömmerte dort das Vieh.

Der junge Mann wirkt etwas ernst. Er scheint in sich zu ruhen, sich seiner selbst bewusst. Doch seine Mundwinkel kräuseln sich zu einem angedeuteten Lächeln, was dem schmalen, konturierten Gesicht ein wenig Milde verleiht.

Er stellt mir eine Tasse Kaffee auf den Tisch, Weißbrot und Bergkäse. Dann geht er über den Gang zurück in die Küche. Dort frühstückt er mit Sara, seiner Frau, und seinen beiden Jungen. Weil ich, der Gast, in ihrem Wohnzimmer sitze. Vier Betten vermietet Familie Mazzoleni in der *Ca' del Pitur*. Das „Haus des Malers" – der Name erinnert an seinen Erbauer – liegt in Cicogna, am Fuß steil aufragender Berge, die das kleine Dorf zu erdrücken scheinen. Hier quartieren sich Berggeher ein, die im Nationalpark Val Grande wandern wollen. 1992 wurde das Gebirge zwischen Lago Maggiore und Schweizer Grenze zum Schutzgebiet erklärt. Seine Gipfel, Grate, Flusstäler und Schluchten gelten als größte Wildnis des Alpenraums, in der sich die Natur zurückholt, was ihr die Menschen einst abgerungen haben.

In den 1920er-Jahren lebten etwa 700 Menschen in Cicogna, dazu 300 Kühe und Tausende Ziegen. Heute sind es noch 14 Bewohner. Familie Mazzoleni eingerechnet. «Was hast du heute vor?», fragt Federico. «Ich mache eine kleine Rundtour. Und ihr?» «Wir müssen arbeiten. Seit wir vor sieben Jahren hierherkamen, sind wir eigentlich nur noch am Arbeiten.» Hastig schlinge ich ein paar Bissen hinunter. Dann wünsche ich der Familie verlegen einen schönen Tag. Fast schäme ich mich dafür, dass ich gekommen bin, um die Wildnis des Val Grande zu spüren, die für die Menschen vor Ort doch eher eine Bedrohung ist.

Durch eine schmale Gasse gehe ich zur Dorfkirche. Cicogna ist eines jener italienischen Gebirgsdörfer, die aussehen, als habe das 20. Jahrhundert noch nicht stattgefunden. Die Gassen sind mit flachen Steinen gedeckt. Gesäumt von Hauswänden aus grau-braun-rötlichem Gneis, darauf mächtige Dächer aus steinernen Schindeln. Das kleine Dorf ist eine Trutzburg, für die Ewigkeit errichtet. Was für eine Arbeit es gewesen sein muss, Hunderte, Tausende dieser schweren Steinplatten aufeinanderzuschichten. Wie raffiniert die Menschen dabei vorgingen, wie ausgeklügelt die Dachkonstruktionen sind. Ich bin sicher, dass kein Tropfen Wasser je in einen dieser Dachstühle rinnt; da mag es regnen, was es will. Und es regnet oft in diesem Teil der Alpen. Ich folge dem Weg, der sich in vielen Kehren durch die steilen Hänge oberhalb des Dorfes Richtung Alpe Prà windet. Dicht ist der Wald aus Eichen und Buchen. Ihre Wurzeln haben die hüfthohen Steinmauern durchbohrt, die die Hänge links und rechts des Pfades terrassieren. Bis in die 1960er-Jahre kultivierten die Bauern aus Cicogna hier kleine, ebene Parzellen. Sie bauten Roggen an, zogen Wein, veredelten Walnüsse und Kastanien. Oberhalb der Terrassen hatten sie Wälder gerodet, auf den Alpweiden sömmerte ihr Vieh. Auf den höchsten Kämmen ernteten die Frauen des Dorfes das Wildheu. In Hunderten von Jahren hatten die Bergbewohner der Natur einen Lebensraum

Alpenrose, Seiseralm, Dolomiten. Bis zu anderthalb Meter hoch wächst sie auf sauren, feuchten, tiefgründigen Böden. Im Juni und Juli blüht sie rosarot bis purpurn.

Frühlingsenzian, Seiseralm. Robust blüht er zwischen März und August bis über 3000 Meter Höhe auf alpinen Rasen, in Flachmooren und im Geröll.

Folgende Seiten: Blick von der Forcella Federola ins Val Prescudin. Das Morgenlicht fällt auf die Urwälder der westlichen Karnischen Alpen.

Granitplatten des Val di Mello nördlich des Lago di Como, ein Paradies für Kletterer.

Folgende Seiten: Die Puez-Geisler-Gruppe. Der gleichnamige Naturpark ist eins von neun Schutzgebieten in den Dolomiten.

abgetrotzt. *Civiltà della fatica*, „Kultur der Mühsal": So heißt der Lehrpfad, dem ich folge. Etwa 500 Höhenmeter oberhalb von Cicogna erreiche ich die Wiesen der Alpe Prà. Das Gras wächst hoch, seitdem es nicht mehr abgeweidet wird. Im Spätsommer ist es gelblich geworden, die Halme haben ihre Kraft verloren, sie beugen sich im leichten Wind. Über dem Lago Maggiore, tief unten im Tal, verflüchtigt sich gerade der Dunst. Wenn die Sonne die Wellenkämme streift, wird das grünblaue Wasser zu einem funkelnden Teppich. Im Westen ragt der Corni di Nibbio auf, ein Bergkamm, der wie die gezackte Rückenflosse eines Barsches die runden Kuppen des Val Grande überragt.

Es ist nicht nur die Stille, die Schönheit, die Einsamkeit, die das Val Grande so besonders macht. Sondern auch die Tatsache, dass seine Wildnis etwas ganz Junges ist, mit dem sich die Menschen am Fuß der Berge täglich auseinandersetzen müssen.

Federico Mazzoleni zum Beispiel. Wie jeden Tag nach dem Frühstück machte sich der 36-Jährige auch heute auf, um nach seinen Ziegen und Schweinen zu sehen. Dazu schlüpft er in einen Blaumann und in grüne Gummistiefel. Den ausgebleichten Regenschirm, der mal rot und weiß war, hat er immer dabei, denn im Sommer, wenn warme Luftmassen aus dem Südwesten auf die Hänge prallen, regnet es im Val Grande häufig. Federico steigt eine schmale Gasse zwischen den verschachtelten Häusern von Cicogna hinauf. Sein Schritt ist ausladend, dabei ruhig und gleichmäßig. Er geht wie ein Hirte, der sein Leben lang den Tieren folgte und daher instinktiv mit den Kräften haushaltet. Eigentlich aber ist Federico Chemiker.

Mit seiner Frau Sara wohnte er in der Nähe von Mailand. «Damals», sagt Federico, «waren wir Reisende. Wir waren in Südamerika, in Afrika, im Fernen Osten.» Beide hatten gute Jobs. Sie waren zufrieden. Bis sie beschlossen, etwas vollkommen Neues zu wagen. Und nach Cicogna zogen. «Hier fühlen wir uns wie Pioniere.» Mit allen Vor- und Nachteilen, die ein Leben am Rand der Zivilisation mit sich bringt. Federicos und Saras Arbeitstage bei den Tieren in der *Ca' del Pitur* sind nie kürzer als zwölf Stunden. Ihre Kinder müssen sie jeden Tag ins Tal bringen. Elf Kilometer über eine gewundene, enge Gebirgsstraße sind das. Eine Dreiviertelstunde am Morgen, eine Dreiviertelstunde am Mittag. Denn in Cicogna gibt es keine Schule. «Unsere Kinder sind die einzigen im Dorf.»

Ich verlasse meine Aussichtsplattform über dem Lago Maggiore und wandere weiter zur Casa dell'Alpino. Im Hof des Hauses liegt ein glatzköpfiger Mann mit abstehenden Ohren in einem Liegestuhl und sonnt sich. An den Sommerwochenenden kümmert sich der Pensionär Mario Fila um die Hütte, die den italienischen Gebirgsjägern gehört. Viele Besucher hat er nicht. Er lädt mich zum Essen ein. «Willst du einen Teller Spaghetti? Ich koche uns welche.» Wenn es nur wenige sind, rücken die Menschen gern zusammen. 1904 wurde die Casa dell'Alpino erbaut. Lange diente sie einem lombardischen Industriellen als Ferienhaus. Bis sie im Juni 1944 von deutschen und faschistischen

Im Val di Mello trotzen Buchen und Fichten der Schwerkraft und zeigen die Senkrechte an.

Vorige Seiten: Sommerblüte am Monte Cavallo, Karnische Alpen. Bei klarer Sicht könnte man vom 2251 Meter hohen Gipfel über die italienische Tiefebene bis zur Adria blicken.

Das südliche Bergell entwässert durch das Val Masino in die Adda und zum Lago di Como.

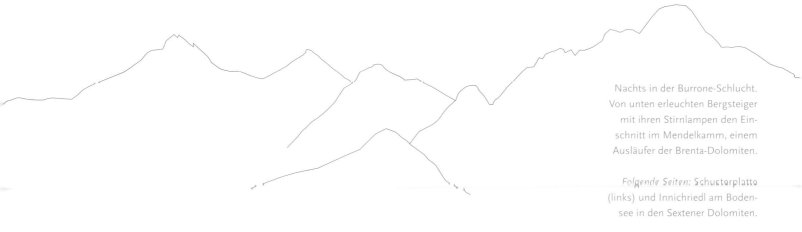

Nachts in der Burrone-Schlucht. Von unten erleuchten Bergsteiger mit ihren Stirnlampen den Einschnitt im Mendelkamm, einem Ausläufer der Brenta-Dolomiten.

Folgende Seiten: Schusterplatte (links) und Innichriedl am Bodensee in den Sextener Dolomiten.

Truppen zerstört wurde. «Die Nazis wollten die Partisanen vernichten», erzählt Fila. «Die hatten sich im Val Grande verschanzt und griffen immer wieder aus den Bergen an.» Sie durchkämmten das Gebirge, töteten Hunderte Männer und zerstörten sämtliche Alpen in den Bergen. Nach dem Sommer 1944 konnte niemand mehr Unterschlupf darin finden. Und nach dem Zweiten Weltkrieg machte sich niemand mehr die Mühe, die alte Infrastruktur aufzubauen. Die meisten Menschen, die als Älpler oder Bauern in den Bergen gearbeitet hatten, zogen in den 1950er-Jahren in die Städte, um in den Fabriken ihr Geld zu verdienen. Das Val Grande war menschenleer geworden. Bereit für die Wildnis.

Ein schmaler Höhenrücken führt mich von der Casa dell'Alpino tiefer in die Berge hinein. Der Weg wird zum Pfad, stellenweise von Gras und Farnen überwuchert, feucht und glitschig. Zum Glück habe ich noch keine der giftigen, dreiecksköpfigen Aspisvipern gesehen, die es zuhauf im Val Grande geben soll. An manchen Stellen führt der Weg über offene Flächen, die einst mühsam gerodet wurden. Heute erobern sich Zwergsträucher und Büsche die Wiesen zurück. Die bunte Blütenpracht regelmäßig abgeweideter steiler Bergwiesen oder -mähder, wie sie auch genannt werden, ist einem monotonen Grün gewichen. Wo auf der Landkarte „Alpe del Braco" verzeichnet ist, stehen neun Ruinen. Die dicken, aus grauen Steinen gemauerten Wände sind eingestürzt. Die Holzbalken, die die Dächer stützten, hängen morsch herab.

Es gibt ein Buch über das Val Grande, das „Ultimo Paradiso" heißt. Sein Umschlag zeigt steinerne Ruinen neben einem Flusslauf. Das Foto wurde aus der Luft gemacht und man erkennt, dass die Ruinen einmal Almhütten waren. Auf den Wiesen rundherum, auf denen Kühe und Schafe weideten, wachsen jetzt Bäume. Es sieht aus, als rücke eine grüne Armee von allen Seiten gegen eine Behausung vor, die von den Menschen aufgegeben wurde. Man weiß auf einmal nicht mehr so genau, auf was sich „Das letzte Paradies" bezieht. Auf eine Kulturlandschaft, die Vergangenheit geworden ist, aber die mit aufgeräumten Wäldern, Alpwiesen und ein bisschen felsigem Ödland einem ästhetischen Alpenbild entsprach, wie wir es gewöhnt sind. Oder auf die Wildnis, die mit ihren dunkel wogenden Wäldern den ursprünglichen Naturzustand der Alpen wiederherstellt.

Ich steige ab nach Pogallo. In den 1920er-Jahren war in dem Tal oberhalb von Cicogna eine kleine Industriesiedlung entstanden. Zu riesigen Stößen aufgerichtet, warteten Hunderte Holzstämme auf ihren Abtransport mit einer Seilbahn, die von Pogallo bis hinab an den Lago Maggiore führte. Die *boscaioli*, die Waldarbeiter, arbeiteten 13 Stunden pro Tag, sieben Tage die Woche. Es waren so viele, dass in Pogallo Kneipen aufmachten, ein Lebensmittelgeschäft anschreiben ließ und die Kinder in die Schule geschickt wurden. Ein Arzt kümmerte sich um Kranke und Verletzte und ein Polizist sperrte die ein, die zu viel getrunken hatten. Bereits seit dem 14. Jahrhundert war

Schöner Schein: Nicht Blüten, sondern Blätter bilden den charakteristischen Stern des Edelweiß. Mit den winzigen, weißen Fasern schützt sich die Pflanze vor der Sonnenstrahlung.

Vorige Seiten: Auf dem 30 Kilometer langen Kamm der Karnischen Alpen sind nicht viele Bergsteiger unterwegs. Die Aussicht reicht bis in die Dolomiten, etwa von der Forcella Federola auf den Antelao.

Nicht vom Tal, sondern von der Düsseldorfer Hütte aus hat man den besten
Blick in die Nordwände von Königspitze, Zebru und Ortler (von links).

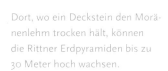

Dort, wo ein Deckstein den Moränenlehm trocken hält, können die Rittner Erdpyramiden bis zu 30 Meter hoch wachsen.

Folgende Seiten: Blick vom Col del Cuc in den Dolomiten nach Norden: Tofana (links) und Punta Sorapis im Schattenriss.

in den Wäldern des Val Grande Holz geschlagen worden. Ihre Blüte erlebte die Holzwirtschaft, nachdem der Industrielle Carlo Sutermeister eine elektrische Transportseilbahn gebaut hatte. Von seinen Männern wurde er dankbar *il signore della valle* genannt, „Herr des Tales".

Heute dringt durch das Mauerwerk des Direktionsgebäudes von Sutermeister üppiges Grün. Das Dach gibt es nicht mehr. Aus dem Inneren des Baus wachsen Buchen, die sein Gemäuer weit überragen. Nach dem Zweiten Weltkrieg war im Val Grande auch dieser Wirtschaftszweig aufgegeben worden. Über die „Strada Sutermeister", die der Industrielle zu Zeiten des Holzabbaus anlegen ließ, wandere ich zurück nach Cicogna.

Kurz vor dem Dorf treffe ich auf Arturo. Er ist 86 Jahre alt und hat zeitlebens im Val Grande gearbeitet, als Hirte, als Holzarbeiter, als Bauer. Er weiß noch, wie es dort vor einem halben Jahrhundert aussah. Als in Cicogna noch Leben war. Jetzt kümmert sich Arturo allein um seine Ziegen. Manchmal sitzt er stundenlang vor seinem kleinen Almhüttchen, schaut mit dem Fernglas in die Berge und wundert sich, was aus seinem Val Grande geworden ist. Dass Menschen wie ich die Wildnis schön finden, oder zumindest reizvoll, das kann er nicht verstehen.

Es ist Spätnachmittag geworden. Federico hat seinen Blaumann gegen Jeans und Hemd eingetauscht. Jetzt steht er hinter dem Tresen des „Circolo" und schenkt Getränke aus. Sara kocht und bedient in der vom Dorf selbst verwalteten Kneipe, die die Mazzolenis bewirtschaften. «Als wir anfingen», sagt Federico, «beobachteten die alten Leute im Dorf sehr skeptisch, was wir hier machen. Inzwischen kommen sie jeden Tag. Am späten Vormittag trinken sie ein Gläschen Weißwein, abends ein Gläschen Rotwein. Egal, ob die Sonne scheint, ob es regnet, schneit oder gewittert.» Federico lacht. Vielleicht ist es nicht das Schlechteste für etwas Neues, wenn zugleich das Alte erhalten bleibt.

Ein paar Tage später durchwandere ich den oberen Stock dieses bis zu 2200 Meter hohen Val Grande. Lange hängt ein zäher Nebel wie ein Brautschleier an den Gipfeln. Über den Grat zwischen Cima della Laurasca und meinem Ziel, der Biwakschachtel auf der Bocchetta di Campo, strömt ein eisiger Wind. Am späten Nachmittag erreiche ich die 1897 erbaute Schutzhütte. Ihr gegenüber steht die Cima Pedum, eine steile, unzugängliche Bastion, aus deren Graten verkrüppelte Buchen ragen. Als habe jemand mit Dart-Pfeilen auf den Berg gezielt. Es mag schon sein: Den Gipfeln des Val Grande fehlt die Majestät des Gran Paradiso, der mit seinen 4061 Metern als höchster Gipfel Italiens gilt. Es gibt hier auch keine Granitdome wie im malerischen Val di Mello, das das Bergell nach Süden abschließt. Die Berge des Val Grande sind nicht so Respekt gebietend wie Ortler und Königspitze, die mit ihren Gletschern gepanzert über dem Südtiroler Vinschgau wachen. Sie haben auch nicht die monumentale Schönheit der Dolomiten, die seit 2009

Die verschneiten Gipfel von Königspitze (links) und Ortler. Im Tal liegt das Südtiroler Vinschgau.

Vorige Seiten: Die Gipfel der Pala-Gruppe zählen zu den unnahbarsten der Dolomiten. Im Abendlicht leuchtet die Westwand des Cimon della Pala.

Das Edelweiß reckt sich sogar noch in 3000 Meter Höhe. Ursprünglich in den Steppen Zentralasiens heimisch, wächst es seit der letzten Eiszeit auch in den Alpen.

Im Ganzen sind es sechs, davon hier vier zu sehen: Die Vajolettürme in der Rosengarten-Gruppe, Dolomiten, trocknen nach einem Hagelsturm in der Abendsonne.

zum Weltnaturerbe der Unesco zählen: die emblematischen Drei Zinnen, der Solitär des Monte Agner, die Civetta mit ihrer düsteren Nordwestwand, die Vajolettürme, die im Abendlicht wie rosa Ausrufezeichen über dem Etschtal stehen. Dolomit, Kalk, Basalt, Schiefer, Sandstein und Tuff mischen sich dort zu bizarren Felsgebilden, zwischen denen schauerliche Abgründe klaffen. Nirgendwo sonst in den Alpen sind die gewaltigen Kräfte, die das Gebirge seit gut 60 Millionen Jahren anheben, so deutlich zu erahnen wie zwischen den Wänden, Türmen, Pfeilern und Nadeln der „Bleichen Berge" – emporgehoben, zerdrückt und gefaltet, zerfurcht, verwittert, zermahlen von Wasser, Wind und Schwerkraft. Es gibt allen Grund, sich dort recht klein zu fühlen.

Und dennoch kommt es mir auf der Bocchetta di Campo so vor, als setze man sich im Val Grande der Natur noch rückhaltloser aus. Es gibt in diesen Bergen keine Hütten mit Hüttenwirt, man übernachtet in Biwakschachteln. Gas- oder Holzöfen stehen dort, Essen, Schlafsack, Isomatte bringt man mit. Ich habe Tütensuppen dabei, Brot, Speck, Gummibärchen und für das Frühstück Studentenfutter. Wasser rinnt 200 Meter unterhalb der Schutzhütte aus einer sanft sprudelnden Quelle. Um es heraufzutragen, stehen zwei Kanister bereit. Von der Hütte blicke ich hinab ins Val Pogallo. Die Täler des Val Grande sind tief eingeschnitten, nicht von Gletschern gerundet, sondern v-förmig ins Gebirge gegraben. An ihren Hängen brandet dichter Wald an. Überall ist es grün, tiefgrün.

Es dauert eine Zeit, bis ich feststelle, was mich an diesem Anblick so irritiert. Es ist das, was fehlt. Es gibt keine gerodeten Almwiesen, keine Hütten, keine Forststraßen, keine Skipisten, geschweige denn Seilbahnen. Keine menschlichen Spuren. «Das also ist die Wildnis», denke ich, während sich im Osten die Bergketten verdunkeln. Eine nach der anderen beginnt, bläulich zu schimmern, bevor sie sich zu einem Schattenriss verdunkelt. Im Westen werden die Spitzen der Walliser Viertausender von rotem Licht betupft. Über die eisige Ostwand des Monte Rosa fließt ein helles Lila. Als habe jemand einen Eimer surrealer Farbmischungen über den Berghang ausgeschüttet. Zwischen all den Gipfeln ziehen Wolkenfedern umher, die das letzte Licht der Sonne orangerot spiegeln.

Nur wenige Augenblicke dauert das, dann beginnen die ersten Sterne zu blinken, dann werden es immer mehr, ein vibrierender Pixelteppich. Plötzlich fallen einzelne Leuchtdioden vom Himmel. So schnell, so viele, dass ich nicht mehr dazu komme, mir etwas zu wünschen. Mitte August. Die Tränen des Laurentius. Ein Schwarm von Sternschnuppen, die in der Höhe, wo kein künstliches Licht die Dunkelheit bricht, viel heller strahlen als in den Tälern. Als ich meinen Schlafsack auf dem kalten Holzboden der Hütte ausrolle, fühle ich mich behütet. Unter einem guten Stern.

Später Abstieg vom 4061 Meter hohen Gran Paradiso. Während die Wolken noch das Abendlicht abfangen, versinkt der Moncorve-Gletscher bereits im blauen Dunkel.

Vorige Seiten: Rinnen, Pfeiler, Scharten, Schluchten, Türme und Wände: Der 3211 Meter hohe Monte Cristallo, der massig über Cortina d'Ampezzo thront, ist ein Gebirge für sich.

Starker Föhnsturm in der Rosengarten-Gruppe. Auf der Nordseite der Alpen aufgestiegen und abgekühlt, wirbeln die fallenden Luftmassen vor den Tschaminspitzen Schneekristalle auf.

Folgende Seiten: Nebel umschmeichelt die Trabanten der Marmolada, mit 3343 Meter der höchste Gipfel der Dolomiten.

Schweizer Gipfel

In der Schweiz kann man alles haben: von den Firnspitzen der Bernina zu den granitenen Kathedralen der Urner Alpen, vom mediterranen Tessin zu den eisigen Höhen um Eiger, Mönch und Jungfrau. Etwas ganz Besonderes bleiben jedoch die Walliser Alpen.

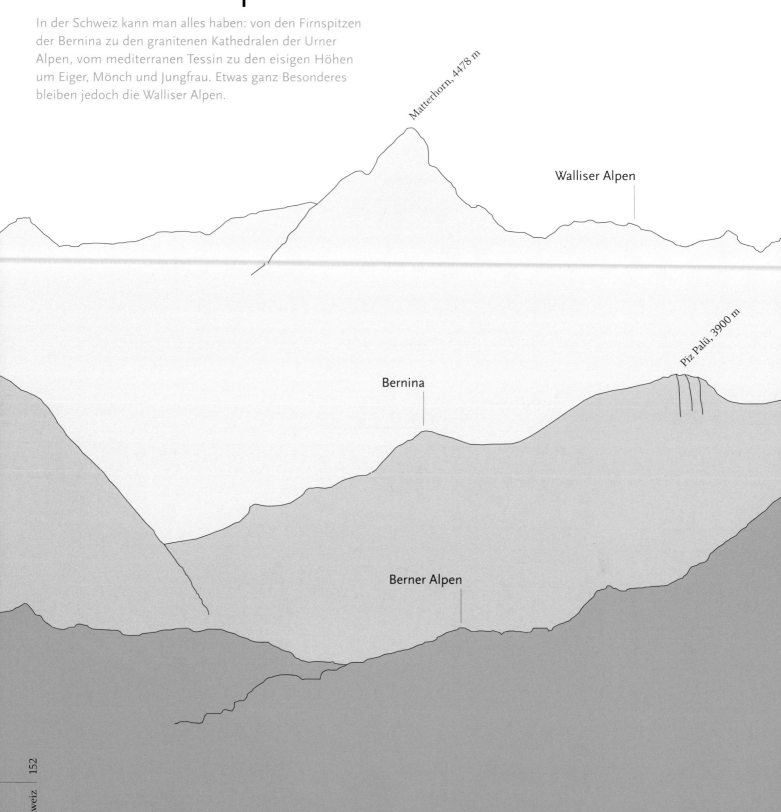

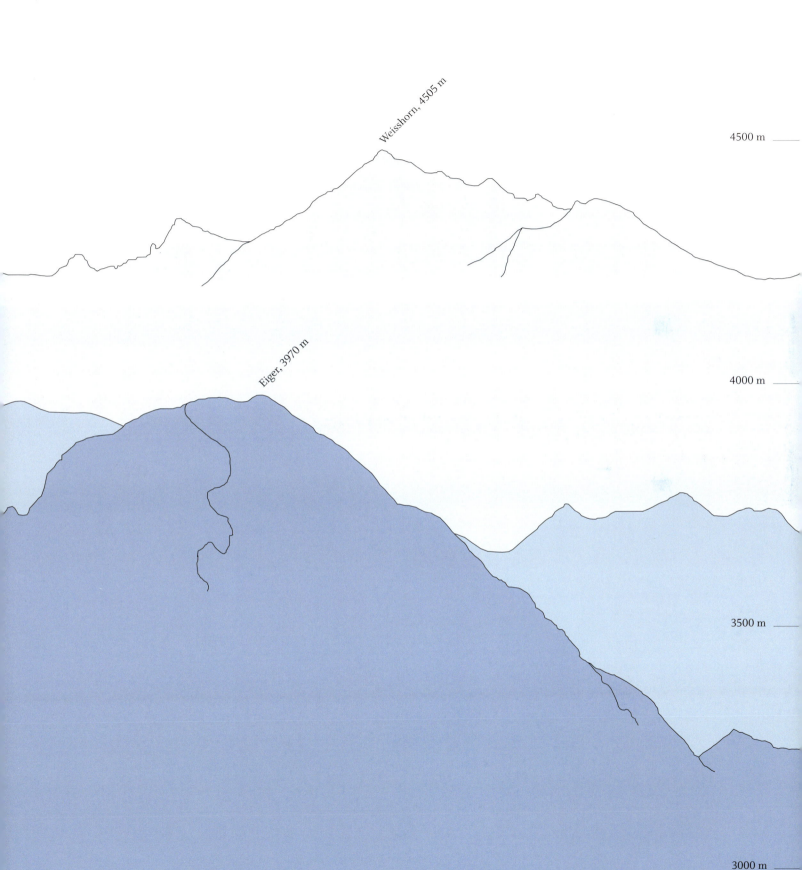

Wo du gehst, geht dein Weg
Die Walliser Viertausender sind eine Herausforderung. Das Weisshorn ist einer von ihnen.

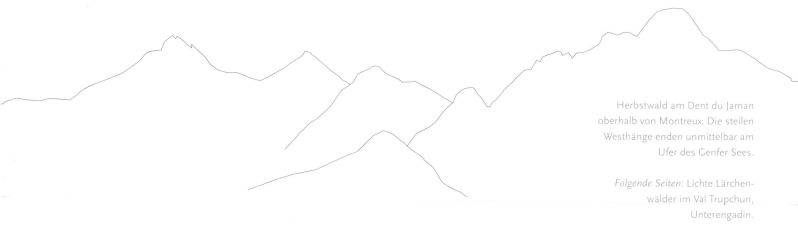

Herbstwald am Dent du Jaman oberhalb von Montreux. Die steilen Westhänge enden unmittelbar am Ufer des Genfer Sees.

Folgende Seiten: Lichte Lärchenwälder im Val Trupchun, Unterengadin.

Endlich, endlich sehen wir das Licht der Hütte. Ein unruhig flackernder, gelber Punkt, ein heller Schein aus dem Fenster, der den Weg weist durch die Nacht und den Schneesturm, der seit Stunden an uns zerrt.

Wir sind erschöpft. Die Haare, die unter den Helmen und Mützen hervorstehen, eisverkrustet. Ebenso die Lider über den müden Augen. Jeder Schritt tut weh, und wir torkeln dahin wie zwei Verdurstende in der Wüste. Noch wenige Meter über den verspalteten Gletscher, dann finden wir den Beginn des Weges, der uns über verblockte Hänge zum rettenden Schutzhaus führt.

Vier Wände, ein Dach, ein Tisch und ein Bett. Schutz-Haus. Nie zuvor erschien mir der Begriff so einleuchtend wie in dieser Hochsommernacht. Zweimal klopfe ich an die Tür, dann öffnet uns der Wirt der Weisshornhütte. Er ist allein. Er hat nicht damit gerechnet, dass er um 22 Uhr noch Gäste kriegen würde. Schon gar nicht nach diesem Gewitter. Schon gar nicht von oben, vom Berg, an dessen Graten wir die letzten 16 Stunden unterwegs waren. Und der uns, sagt mein Freund, «um ein Haar zu sich geholt hätte».

Vor zwei Tagen haben wir uns in dem 200-Seelen-Dorf Zinal im Talschluss des Val d'Anniviers getroffen. Bis dort hinauf, auf 1670 Meter über dem Meeresspiegel, war die Hitze geschlichen. Zwischen den steilen, links und rechts ansteigenden Hängen schwirrte heiße Luft, zur Schwüle verdichtet, unter einem fahlen Himmel. Kein Windhauch regte sich. Seltsam leise war es, als verschluckte die dicke Luft alle Geräusche, als läge eine seltsame Starre über allem Lebenden.

Mensch und Natur hielten still, hoffend, dass ein kühler Regen Erlösung bringen möge. Doch ein Ende der Hitze war nicht in Sicht. Noch nicht.

Um uns vor dem Aufstieg noch etwas zu entspannen, suchten wir den Schatten eines der massiven Häuser auf, deren Arvenholzbalken jahrhundertelang von der Sonne gebräunt worden sind. Die stolzen Bauten dokumentieren die Geschichte Zinals, das bis zum Beginn des 20. Jahrhunderts als sogenannter Maiensäss diente. In den Sommermonaten zogen die Bauernfamilien – Männer, Frauen, Kinder und in ihrem Gefolge die Lehrer und Pfarrer – hier herauf, um die Wiesen zu mähen und das Heu einzulagern. Waren die Weiden des Maiensäss abgegrast, wurde das Vieh auf die höher gelegenen Almen getrieben. Im Spätsommer kam es wieder herunter, und die Menschen zogen zurück in ihre Dörfer. Vor dem Wintereinbruch stiegen die Anniviarden ab in das Rhonetal mit seinem milden Klima, wo die meisten Familien Weinberge besaßen.

Man vermutet, dass sich der Name des Val d'Anniviers vom lateinischen *anni viatores* ableitet: „die das ganze Jahr Reisenden". Es ist vielleicht kein Wunder, dass die Menschen, deren Lebensmittelpunkt ständig zwischen oben und unten wechselte, nicht auf die Idee kamen, die Berge am Ende des Tales zu besteigen. Sie beurteilten die Landschaft danach, wie fruchtbar sie war und was sie ihnen zum Leben bieten konnte. Wiesen und Weiden, Obstgärten und Ackerflächen, die gezähmte, urbar gemachte Natur war ihr Ideal. Berge dagegen galten als unbrauchbar und abstoßend.

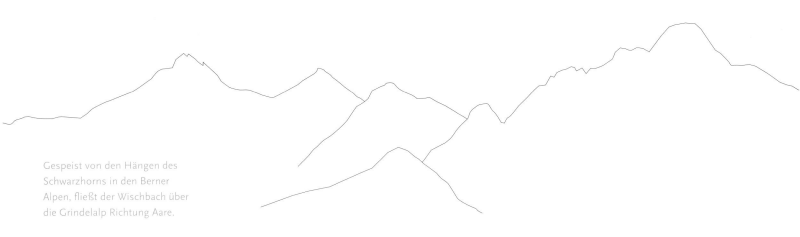

Gespeist von den Hängen des Schwarzhorns in den Berner Alpen, fließt der Wischbach über die Grindelalp Richtung Aare.

Vorige Seiten: Im Bachsee oberhalb von Grindelwald spiegelt sich das Wetterhorn. Der 3692 Meter hohe Gipfel ist nördlicher Vorposten der Berner Alpen.

Sie waren eine Bedrohung des Einklangs, den die Menschen mit der Natur gefunden hatten. Abgesehen davon, dass es schlichtweg gefährlich wurde, wenn man in die Höhe stieg.

Gefährlich sind die unwegsamen, zerklüfteten und vergletscherten Walliser Alpen geblieben. Dennoch sehen wir sie heute anders als die Almbewohner von einst. Als wir mit unserem Aufstieg beginnen, haften unsere Augen an den steilspitzen Gipfeln, die wie Haifischflossen aus dem Eis der Gletscher ragen: Bishorn, Weisshorn, Zinalrothorn, Obergabelhorn und Dent Blanche, vier Hörner und ein Zahn. Die schönsten Viertausender, die die alpine Faltung geschaffen hat. Und zwischen Pointe de Zinal und Mont Durand lugt sogar noch das Matterhorn hervor. Was für eine Kulisse! Da zieht es einen geradezu auf die Bühne, denn anders als die Bauern, die sich um den Ertrag ihrer Dreistufenwirtschaft sorgen mussten, empfinden wir die Berge heute als ein wildes Paradies inmitten Europas. Ein Ort, in dem es sich glücklich und unbeschwert in freier Natur leben lässt, so gewaltig, dass er mit Worten kaum zu fassen ist.

Dabei ist es sehr hilfreich, dass die Sprache den Superlativ kennt, denn anders wären die Dimensionen der Walliser Alpen gar nicht zu beschreiben. Die meisten Viertausender aller Alpengruppen stehen dort. Die größte Gletscherfläche bedeckt ihr Relief. Die Dufourspitze ist der höchste Gipfel der Schweiz, auch wenn sie mit einem Teil ihrer massiven Gestalt in Italien steht. Noch etwas? Ach ja, die Monte-Rosa-Ostwand misst 3000 Meter und ist damit die höchste Wand der Alpen, während sich mit der Capanna Regina Margherita auf dem 4554 Meter hohen Gipfel der Signalkuppe das höchstgelegene Gebäude Europas befindet. Außerdem ist da natürlich noch das Matterhorn, das Wahrzeichen der Schweiz und vermutlich der bekannteste Berg der Welt. Ganz sicher aber der einzige, nach dessen Dreiecksform im Jahr 1908 eine Schokolade kreiert wurde, köstlich verfeinert mit französischem Montélimarnougat.

Mir ist es jetzt allerdings eher nach einem kühlen Rivella, was quasi die Schweizer Fanta ist. Vor vier Stunden sind wir in Zinal losgegangen, über Almböden, Altmoränen und Blockfelder hinauf zur Cabana d'Ar Pitetta. Robust, aus rötlichen Steinplatten gemauert, steht die kleine Hütte auf einem Grasrücken, dem letzten grünen Fleck, bevor das Ödland beginnt. In den Nachmittagsstunden bringt der kühle Wind, der vom Moming-Gletscher herabfließt, etwas Linderung von der Hitze. In den nächsten Tagen, prophezeit der Hüttenwirt, werde es sicher ein Gewitter geben.

Auf seiner Terrasse verfolgen wir den Sonnenuntergang. Meter für Meter wird die plattige Westwand des Weisshorns vom Schatten erobert. Eine haltlose Wand ist das, in der die letzten Eisreste bald völlig dem Fels weichen werden. Von dieser Seite gleicht das Weisshorn eher einem grauem Backenzahn. Seinen Namen verdankt der 4505 Meter hohe Gipfel dann auch seiner Nordostflanke: einer ebenmäßigen, von großen Séracs (Eistürmen) und Spalten gebrochenen

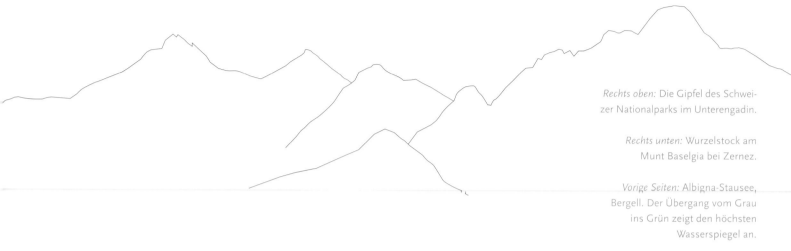

Rechts oben: Die Gipfel des Schweizer Nationalparks im Unterengadin.

Rechts unten: Wurzelstock am Munt Baselgia bei Zernez.

Vorige Seiten: Albigna-Stausee, Bergell. Der Übergang vom Grau ins Grün zeigt den höchsten Wasserspiegel an.

Eiswand. Das Außergewöhnliche am Weisshorn sind jedoch seine Grate: der zwei Kilometer lange Nordgrat, der stellenweise so schmal ist, dass zwischen den Abbrüchen links und rechts nur ein Fuß Platz hat. Der Ostgrat, über den die meisten Bergsteiger zum Gipfel streben. Und der felsige Schaligrat, der nach Süden weist, und über den wir das Weisshorn besteigen wollen. Am Gipfel zusammentreffend, bilden diese Grate eine perfekte Pyramide. Seine Symmetrie macht das Weisshorn nach Meinung vieler Bergsteiger zu einem weit schöneren Berg als das benachbarte Matterhorn.

Am 19. August 1861 wurde das Weisshorn zum ersten Mal bestiegen. Über den Ostgrat drängten die beiden Bergführer Johann Joseph Brennen und Ulrich Wenger auf den Gipfel, am Seil ihren Auftraggeber John Tyndall. Der Physiker und Bergsteiger war einer jener Briten, die die Alpen zum „Playground of Europe" – so der Titel eines 1871 erschienenen Buches – erkoren hatten. Angetrieben von Abenteuerlust und Wissensdrang hatten sich vornehmlich gut situierte Mittelstandsbürger die Besteigung der höchsten Alpengipfel auf die Fahnen geschrieben. Auch Tyndall drängte es in die Höhe. Zum einen entsprach der hagere, hoch aufgeschossene Mann dem neuen Typus ambitionierter Gipfelsammler, die sich in und mit den Bergen messen wollten. Zum anderen nahm er in den Bergen die Phänomene in Augenschein, an deren Erklärung er in seinem Londoner Labor arbeitete: die Bewegung der Gletscher, die Streuung des Lichts in der Atmosphäre, den Zusammenschluss dreier Sauerstoffatome zum Ozon-Molekül. Jenseits ihrer sportlichen Herausforderung und ihres naturwissenschaftlichen Forschungspotenzials schienen die Berge John Tyndall jedoch noch mehr zu bedeuten. Da er ihre Anziehungskraft aber nicht erklären konnte, beschied er sich zehn Jahre nach der Erstbesteigung des Weisshorns mit der Vermutung: «Im Sauerstoff der Berge ist ganz bestimmt Moral enthalten.»

Früh am nächsten Morgen brechen wir an der Cabana d'Ar Pitetta auf. Vor uns liegt ein langer Tag: acht Stunden Aufstieg, ungesicherte Kletterei im V. Schwierigkeitsgrad, ein langes Eisfeld, das bis zu 50 Grad steil ist. Dabei wird uns dieser Tag nur auf das Schalijoch bringen, den tiefen Einschnitt zwischen Weisshorn und Schalihörnern, wo unser Grat seinen Anfang nimmt. Ein ganzer Tag für den halben Weg zum Gipfel, das ist selbst für die Westalpen weit. Zwischen dem Talboden in Zinal und dem Gipfel des Weisshorns liegen gut 2800 Höhenmeter. Jeder muss zu Fuß bewältigt werden, Schritt für Schritt, ohne Aufstiegshilfen. So fordernd können die Alpen sein.

Etwas verschlafen steigen wir die Hänge hinter der Hütte empor. Noch ist es dunkel, die Kegel unserer Stirnlampen leuchten nur die nächsten Meter aus. Bald weichen die letzten Graspolster großen Geröllbrocken. Was einst Berge bildete, liegt nun wild geschichtet, kreuz und quer, manche Steine fest verkeilt, andere nur lose übereinander. Jeder Schritt erfordert Aufmerksamkeit, will man nicht samt den Steinen umkippen oder zwischen ihnen stecken bleiben. Es

Bergsee, Große Scheidegg, Berner Alpen.

Vorige Seiten: Während das benachbarte Mattertal touristisch erschlossen ist, bleiben die Steinböcke im Val de Zinal in den Walliser Alpen unter sich.

Schmalblättriges Weidenröschen, Große Scheidegg, Berner Alpen.

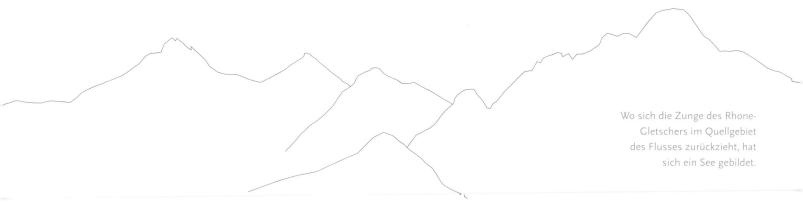

Wo sich die Zunge des Rhone-Gletschers im Quellgebiet des Flusses zurückzieht, hat sich ein See gebildet.

gibt hier keinen Weg. Das machte keinen Sinn, denn das Gelände ist ständig in Bewegung. Steine rollen bergab, Hänge geraten ins Rutschen, Moränen stürzen ein, Bachläufe verändern sich, Felsen brechen ab, Gletscher schmelzen und kalben.

Da hätte ein Weg nicht lange Bestand. Ich erinnere mich an den Bergführer Hermann Steuri aus Grindelwald, den ich vor einigen Jahren getroffen habe. Da war er 92. Ein halbes Jahrhundert lang hatte er seine Gäste auf Gipfel geführt: in den Walliser Alpen, in den Berner Alpen, deren berühmtes Dreigestirn von Eiger, Mönch und Jungfrau nur die Vorhut unbezähmbarer Gipfel ist, in der Bernina-Gruppe, wo die schönsten Firngipfel der Alpen stehen. Ich fragte ihn damals nach einem bestimmten Weg. Seine Antwort war einfach: «In den Bergen gibt es keinen Weg. Da wo du gehst, geht dein Weg.» Das bedeutet, sich ständig neu orientieren zu müssen, immer die Verhältnisse im Blick zu haben, immer wieder neu zu entscheiden. So zwingen die Berge, die scheinbar unveränderlichen, den Menschen zu steter Bewegung, mit dem Körper und im Geiste. Das kann sehr belastend sein. Zugleich aber ist es befreiend. Denn während ich im Tal oft das Gefühl habe, die Dinge passierten mit mir, so bin ich in den Bergen Herr meiner selbst, eigenverantwortlich, selbstbestimmt.

Als wir den Moming-Gletscher betreten, erleichtert uns das Zwielicht des Morgens die Orientierung. Uns rechts haltend müssen wir hinauf, den Gletscher queren, eine felsige Barriere überwinden und das Eisfeld hinauf zum Schalijoch. Wir legen die Steigeisen an, nehmen die Eispickel zur Hand. Verbinden uns mit dem Seil, darauf vertrauend, dass der eine den anderen im Fall seines Sturzes halten könnte. Denn der Gletscher ist zerrissen von dunklen Spaltenmäulern, aus denen er gruselnd kalte Luft haucht. Vorsichtig müssen wir zwischen ihnen navigieren, uns in großen Schleifen einen Weg bahnen. Bis wir an den Fuß einer Felswand kommen, die uns zu heikler Kletterei zwingt. Das Schmelzwasser des vergangen Tages ist in der Nacht gefroren, hat Griffe und Tritte mit einer dünnen Eisschicht glasiert. Mühsam müssen wir diese mit dem Pickel entfernen, Meter für Meter, ohne Sicherung. Eine Sisyphusarbeit.

Winzig klein fühlt man sich da, unter der dräuenden Westwand des Weisshorns. So mag sich auch Georg Winkler gefühlt haben, im August 1888, als er allein an ihrem Fuß stand. Der Münchner galt als einer der besten Kletterer seiner Zeit. Mit Vorliebe stieg er dort, wo sich niemand zuvor hingewagt hatte. Tollkühn stellte er sich Wänden und Graten, die andere als unmöglich bezeichnet hatten.

Winkler verehrte seinen sechs Jahre älteren Zeitgenossen Eugen Guido Lammer. Der Deutsch- und Geschichtslehrer aus Wien war kompromisslos auf der Suche nach dem Risiko. Die Todesgefahr war ihm zur Sucht geworden: «Was droht, lockt; wir suchen das Schreckliche. Nicht als ob wir stumpfen Sinnes nicht mehr wüssten, was gruseln heißt, o nein!, sondern weil wir in dem Becher des Grauens unsäglich süßen

Granit. Seit 1873 wird er in zwei Steinbrüchen im Verzascatal abgebaut und als Dachbedeckung verwendet.

Vorige Seiten: Eine Bastion aus Fels und Eis. Von allen Seiten unzugänglich erhebt sich das 4505 Meter hohe Weisshorn in den Walliser Alpen.

Die Verzasca gilt unter Kanuten als extrem schwierig zu befahrendes Gewässer.

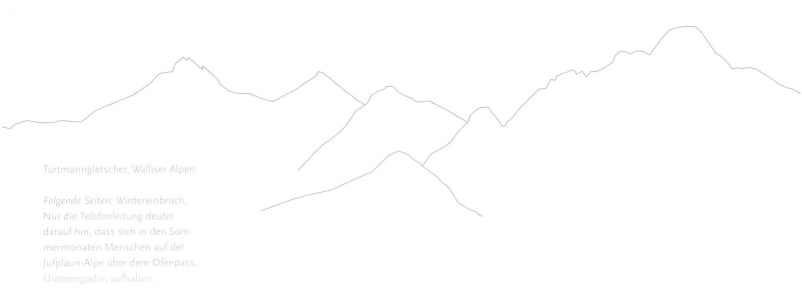

Turtmanngletscher, Walliser Alpen.

Folgende Seiten: Wintereinbruch. Nur die Telefonleitung deutet darauf hin, dass sich in den Sommermonaten Menschen auf der Jufplaun-Alpe über dem Ofenpass, Unterengadin, aufhalten.

Bodensatz verkostet haben.» Winkler empfand «ganz ähnlich» beim Bergsteigen, nämlich «überall dort am meisten Genuss, wo es am schwierigsten ist».

In einem Brief vom 22. April 1888 schrieb er an Lammer: «Ich bin mir über das movens bei meinen Touren längst klar geworden und erkannte bald, dass es die Gefahr ist, die, aufgesucht und überwunden, dem Manne unendliche Genugtuung und viele Befriedigung gewährt; … die Gefahr und die unendliche Großartigkeit des Hochgebirges in ihrer Vereinigung sind es, die uns dämonisch anlocken.» Vier Monate später stürzte Winkler in der Westwand des Weisshorns tödlich ab. Er war erst 18 Jahre alt.

Es ist früher Nachmittag, als wir das Schalijoch erreichen. Hier werden wir den restlichen Tag und die Nacht verbringen: in der kleinen Biwakschachtel, die wie ein Adlerhorst am Grat klebt, mit kleinen Fenstern wie Schiffsaugen. Mit Stahlseilen ist sie gegen Stürme gesichert. Acht schmale Betten finden darin Platz, je vier übereinander. Doch heute sind wir allein, auf 3780 Meter.

Die Höhe macht sich bereits bemerkbar. Mein Atem ist schnell, das Herz schlägt schneller, sonst aber geht alles langsamer. Leben in Zeitlupe. Wir packen unsere Schlafsäcke aus, hängen die Hemden zum Trocknen auf, schmelzen Schnee für das Teewasser. Dann sortieren wir das Material für den kommenden Tag: Seil, Helme, Karabiner, Sicherungsgeräte. So früh wie möglich wollen wir am folgenden Morgen loskommen, denn wir wissen nicht, wie sich das Wetter entwickeln wird. Ich freue mich auf die Kletterei. Doch gleichzeitig habe ich Respekt vor ihr. Mein Magen ist nervös, die Anspannung lässt uns nur die nötigsten Worte wechseln. Erst als alles vorbereitet ist und wir unsere dünne Erbsensuppe löffeln, finden wir die Muße, den Blick vom Naheliegenden in die Ferne schweifen zu lassen. Im Blech der Biwakschachtel spiegelt sich die untergehende Sonne. Dahinter öffnet sich ein rot-orange beschienener Halbkreis hoher Berge: ganz im Westen der Mont Blanc, im Süden der Gran Paradiso, direkt vor uns die Walliser Viertausender. Und im Osten, über der breiten Kuppe des Monte Rosa, geht der Mond auf.

Dies ist ein Bild, wie man es nur in den Bergen schauen kann. Nicht nur schön, sondern erhaben, weil es Ehrfurcht auslöst und auch ein bisschen Schaudern. Man ist in solchen Nächten, zu zweit an einem riesigen Berg, sehr weit weg vom normalen Leben. Einsam habe ich mich dabei nie gefühlt.

Als wir aufwachen, türmen sich im Westen die ersten Wolken auf. Es ist warm, zu warm. Über den Gletscher können wir nicht mehr hinunter. Dort pfeifen einem bei den hohen Temperaturen herabfallende Steine um die Ohren. Bleibt nur der Weg hinauf, über den Gipfel und über den leichteren Ostgrat zurück ins Tal, ein Wettlauf gegen das drohende Gewitter. Doch wir haben sowieso keine Wahl. So schnell wie möglich klettern wir über die Gratschneide. Skurril gewachsene Türme versperren oft den direkten Weg, zwingen zu heiklen Balanceakten. Roter Gendarm,

Durch einen Bergsturz wurden hausgroße Granitblöcke gespalten.
Nahe der Sciora-Hütte, Bergell.

Unter der Albigna-Hütte, Bergell. Ein namenloser See spiegelt die Gipfel der Oberhalbsteiner Alpen.

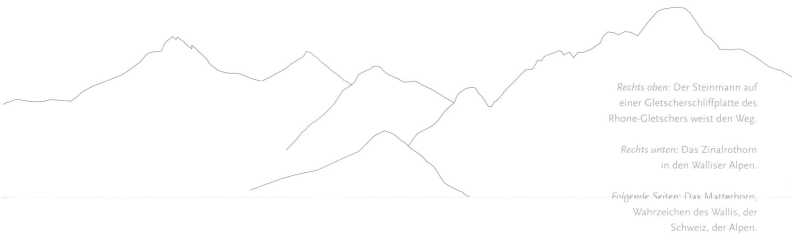

Rechts oben: Der Steinmann auf einer Gletscherschliffplatte des Rhone-Gletschers weist den Weg.

Rechts unten: Das Zinalrothorn in den Walliser Alpen.

Folgende Seiten: Das Matterhorn, Wahrzeichen des Wallis, der Schweiz, der Alpen.

Schwarzer und Weißer Turm – die Namen belegen die farbige Vielfalt des Gneises, der sich warm und weich greifen lässt, so wie getrocknetes Leder. Die Kletterei ist nicht allzu schwierig. Es wäre ein Genuss, Griffe und Tritte zu fließenden, kontrollierten, tänzelnden Bewegungen zu verbinden, grollte da nicht der Donner in der Ferne. Das Gewitter zieht auf, viel früher als erwartet. So wird aus unserem Aufstieg ein hastiges Fliehen. Als säße uns die Wilde Jagd im Nacken. Nach vier Stunden Kletterei stoppt uns ein schmaler Schneegrat. Ein kurzes Zögern, dann setzen wir uns rittlings auf den Grat, wie auf einen Pferdesattel, und schummeln uns langsam vorwärts, über den Abgründen zu beiden Seiten voran. So konzentriert sind wir, dass wir zunächst nicht merken, wie der Wind auffrischt und es zu schneien beginnt. Doch schnell beginnen die scharfen Schneekristalle wie Nadeln im Gesicht zu stechen. Die Abstände zwischen den Donnerschlägen werden immer kürzer.

Kurz vor Mittag erreiche ich den höchsten Punkt des Weisshorns. 4505 Meter. An einem unpassenderen Ort könnten wir jetzt kaum sein. Während ich auf meinen Freund warte, beginnt das schmiedeeiserne Gipfelkreuz zu surren. Ich bin irritiert, begreife zunächst nicht, wo das Geräusch herkommt. Dann sehe ich die Elmsfeuer über der Jesus-Figur: kleine, züngelnde Lichtlein, blauviolett, die die elektrische Ladung der Luft betörend schön sichtbar machen. Doch zum Staunen ist keine Zeit. An unseren Klettergurten hängen metallene Sicherungsgeräte, an den Füßen tragen wir Steigeisen, in den Händen halten wir Eispickel. Wir sind lebende Blitzableiter. In Panik laufen und springen wir die ersten 100 Meter des Ostgrats hinunter, dann schlägt mit einem infernalischen Krachen ein Blitz ins Gipfelkreuz ein. Ein paar Minuten lang ist mein rechter Arm, mit dem ich mich gerade am Felsen festgehalten hatte, wie betäubt. In den Ohren hallt ein mechanisches Rauschen. Gegen den Wind gestemmt steigen wir ab. Nur Sekunden, nachdem wir den Ostgrat durch ein Rinne Richtung Schaligletscher verlassen haben, schlägt auf dem Grat erneut der Blitz ein. Wo wir gerade abgestiegen sind, kullern mannshohe Steinbrocken hinunter. Zum zweiten Mal haben wir überlebt. Mit viel Glück.

Eine halbe Stunde später klopfe ich an die Tür der Weisshornhütte. Wieder einmal haben uns die Berge gelehrt, Respekt zu bewahren.

Eistürme spalten sich auf dem Grenzgletscher am Fuß des
Lyskamms in den Walliser Alpen.

Vorige Seiten: Ungewohnte Perspektive. Vor der
Tête Blanche präsentieren sich Dent d'Hérens und die
Westseite des Matterhorns.

Eisschollen treiben im Gletschersee am Auslauf des Rhone-Gletschers in den Glarner Alpen.

Folgende Seiten: Südlich der Dent Blanche erhellen die Städte der Poebene den Nachthimmel.

Frankreichs Gipfel

Die Gebirge im Westen des Alpenbogens sind ebenso reizvoll und vielfältig wie die französische Küche. Ganz besonders spektakulär im Mont-Blanc-Massiv, rund um den höchsten Berg der Alpen.

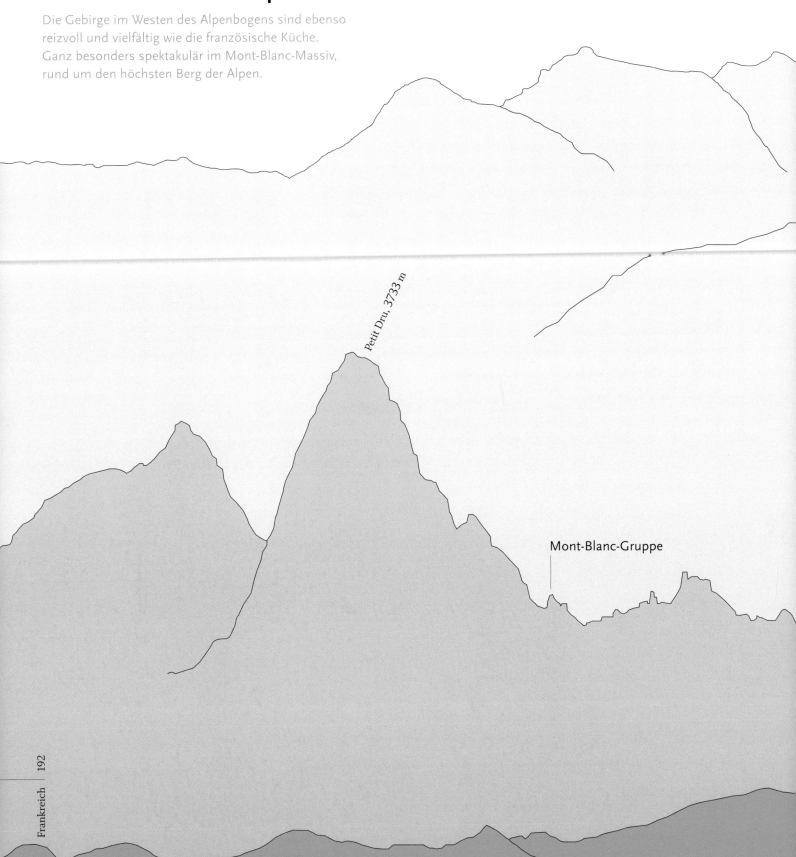

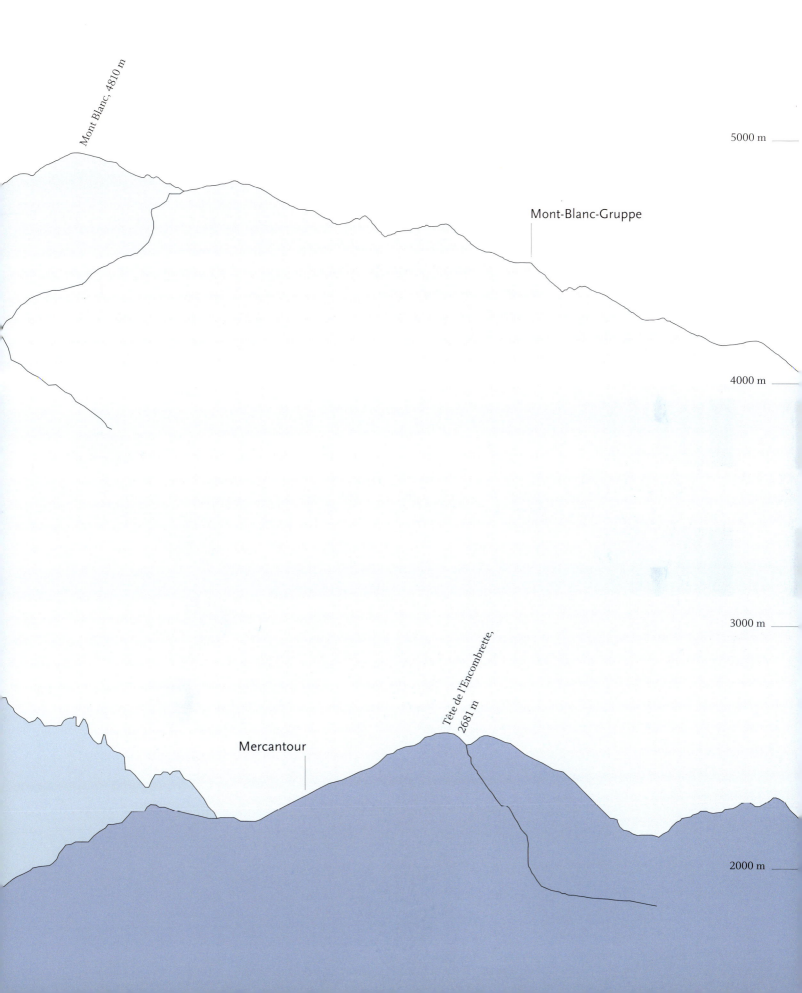

Der Atem der Berge

Der Petit Dru, Millionen Jahre alt, verändert sich gerade radikal.

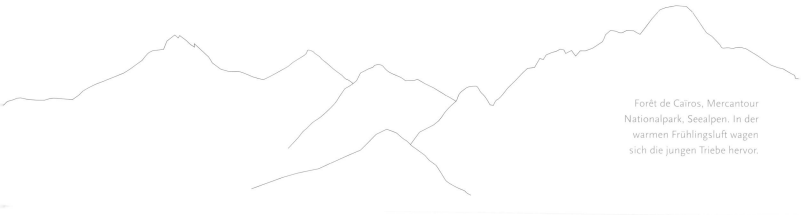

Forêt de Caïros, Mercantour Nationalpark, Seealpen. In der warmen Frühlingsluft wagen sich die jungen Triebe hervor.

Ich stehe am Fuß einer ungeheuren Wand. Sie ist düster und schattig. 850 Meter hoch: fast ein Kilometer. Das ist zu viel, um ihre Dimension zu begreifen. Mir geht es wie einem Kind, das im Jetzt lebt, weil es Vergangenheit und Zukunft noch nicht auf dem Schirm hat. Mein Jetzt sind die ersten 50 Meter. Dort will ich hinauf. Dann wieder 50, und wieder, und wieder, bis zum Gipfel. Nur weil ich den Berg auf ein erfassbares Maß zurechtstutze, schaffe ich es, seiner Größe zu begegnen.

Plötzlich höre ich das Geräusch fallender Steine. Ein dumpfer Schlag zunächst, als haue jemand auf eine Pauke. Dann geht es ganz schnell. Ein kühlschrankgroßer Fels zerschellt über mir, zersplittert in Hunderte Teile, jedes seine eigene Bahn einnehmend. Links und rechts von mir schlagen die Steine ein, es prasselt wie bei einem Feuerwerk. Schrill pfeifen die abstürzenden Brocken, wie eine Alpendohle im Flug. Ich werfe mich an den Fels, drücke mich an ihn, so fest es geht, und hoffe, dass die Steine hinter mir im Geröll landen.

Meine Augen habe ich geschlossen. Es gibt nichts zu tun, außer zu hoffen. Nach einigen langen Sekunden ist der Spuk vorbei. Aus den Klüften des Berges strömt ein kalter Hauch. Die Luft riecht nach Schießpulver und Schwefel.

Vor wenigen Augenblicken habe ich die Stille, die in diesem verlassenen Winkel herrscht, noch als friedvoll empfunden. Jetzt ist sie zu einem beklemmenden Schweigen geworden. Die Landschaft, der Schutt, der Schnee, auf den sich der Staub geborstener Steine gelegt hat – alles wirkt plötzlich feindselig. Um mich herum scheint eine leblose Welt zu liegen. Sie ist aus meiner Angst geboren. Hier gehöre ich nicht hin. Ich packe meinen Rucksack und steige ab.

Drei Stunden später erreiche ich die Bergstation Montenvers. Eine Zahnradbahn fährt von hier ins Tal, nach Chamonix. Es gibt ein Café, in dem ich mich von meinem Schreck erholen kann. Und tatsächlich: Kaum sitze ich ein paar Minuten auf der Sonnenterrasse, hat die Landschaft ihren Charakter verändert. Alles passt jetzt wieder zusammen, ganz harmonisch: Der grauweiße Eisstrom des Mer de Glace, gespeist in der Gipfelregion des Mont-Blanc-Massivs, gräbt sich sein Gletscherbett. An seinen Rändern wächst ein schmaler grüner Gürtel aus Büschen und Gras, der sich im Schotter alter Moränen verliert. Über diese hinweg führt der Steig zum Fuß des Petit Dru, der Berg, vor dessen einstürzenden Flanken ich gerade geflüchtet bin.

Dabei sieht er von Montenvers, vom „Gegenüberberg", so aus, als sei er nicht kaputt zu kriegen. Ein steinernes Ausrufezeichen, das über dem Tal wacht. Das Wahrzeichen von Chamonix. Ein Gipfel, 3733 Meter hoch, steil und spitz, als habe ein Bildhauer den idealen Berg gemeißelt. Nicht wegen seiner Höhe, sondern wegen seiner Schönheit ist der Petit Dru einzigartig, erschaffen aus magmatischem Gestein. Als dieses erstarrte, wurde aus dem zornigen, rumorenden, heiß fließenden Gebräu, aus dem Erdinneren katapultiert, ein pfeilartiges Steingebilde. Seit etwa

Eins von Tausenden. Ein Murmeltier traut sich aus seinem Bau unterhalb der Grande Casse im Nationalpark Vanoise, Grajische Alpen.

Vorige Seiten: Über dem Vallon de Fontanalba spiegeln sich die Gipfel der Seealpen im Lac des Grenouilles.

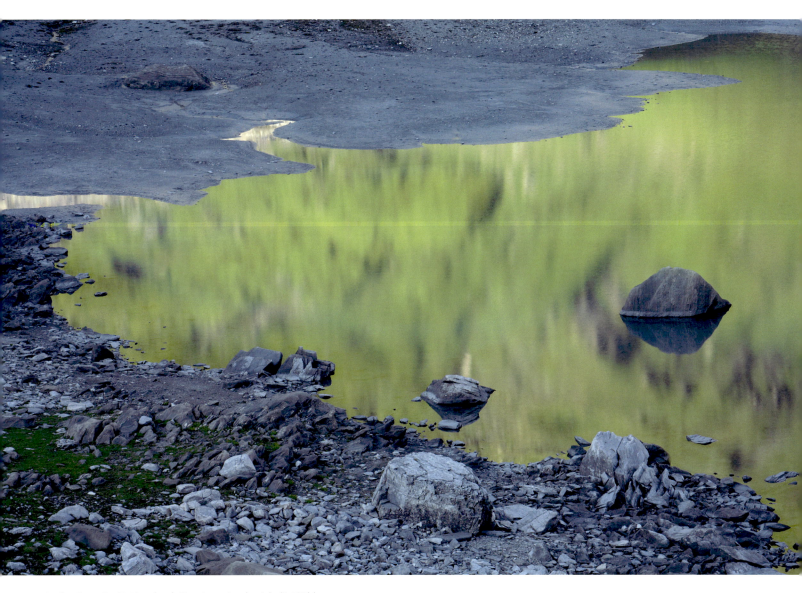

Im Lac Long im Nationalpark Vanoise spiegeln sich die Wälder.

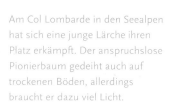

Am Col Lombarde in den Seealpen hat sich eine junge Lärche ihren Platz erkämpft. Der anspruchslose Pionierbaum gedeiht auch auf trockenen Böden, allerdings braucht er dazu viel Licht.

20 Millionen Jahren schillert diese Spitze farbig. Rot auf den Platten, die glatt wie Hauswände aufeinandergeschichtet sind. Düster-grau in schattigen Nischen und Schründen. Wie vergoldet dort, wo die Sonne den Granit zum Leuchten bringt.

Rau fasst sich dieses Gestein an, wie grobkörniges Schleifpapier. Feldspat, Quarz und Glimmer mustern es. Seine Oberfläche ist resistent gegen Verwitterung, weshalb die größten und steilsten Wände der Erde aus Granit gebaut sind: wie der Petit Dru. Von seinem Gipfel zieht in geschwungener Linie ein Grat hinunter, auf dessen Kamm filigrane Felstürme züngeln. Das sind die Flammes de Pierre, die „Steinernen Flammen". Besser lässt sich die Entstehung und das Aussehen, das Werden und das Sein eines Berges nicht in Worte fassen.

Von meinem Logenplatz in Montenvers blicke ich in die Westwand des Petit Dru. 1955 wurde sie Schauplatz einer der größten Leistungen in der alpinen Geschichte. Damals stieg Walter Bonatti allein durch sie zum Gipfel. Fünf Tage lang war er in der Senkrechten unterwegs, und er schuf die vollkommene Route am vollkommenen Berg. Dabei war er zu allem entschlossen. Als Bonatti eine fünf Meter hohe, weit überhängende Passage nicht überwinden konnte, verknotete er ein Ende seines Seiles zu einem kopfgroßen Knoten. Diesen warf er wie ein Lasso so lange in Richtung eines über ihm beginnenden Risses, bis er sich verkeilte. Bonatti zog und zerrte an seinem Seil und war sich schließlich sicher, dass der Knoten sein Gewicht halten würde. Später schrieb er: «Ich schloss meine Augen, hielt den Atem an und ließ mich ins Leere gleiten. Mein Anker hielt.» Am Seil hangelte sich Bonatti empor, bis er wieder kletterbares Gelände erreicht hatte. Dann vollendete er seinen Aufstieg.

Die Vorstellung, wie sich Walter Bonatti im Augenblick des Loslassens gefühlt haben muss, jagt mir immer wieder ein kaltes Schaudern über den Rücken. Seine Route wurde unter dem Namen „Bonatti-Pfeiler" in Bergsteigerkreisen sehr schnell bekannt und sie galt jahrzehntelang als ein Symbol dafür, was ein einzelner Mensch mit Mut und Ausdauer erreichen kann. Dass diesem Mut auch ein Gutteil Verrücktheit und Hybris – oder Selbstverachtung – innewohnte, wurde geflissentlich verschwiegen. Der Petit Dru jedenfalls war zum Berg der Bergsteiger geworden, und der „Bonatti-Pfeiler" eine Route, die man gemacht haben musste. Das hat sich geändert. Der „Bonatti-Pfeiler" ist zu einem Synonym der Vergänglichkeit geworden. Und der Petit Dru zu einem sterbenden Berg.

Einen Tag, nachdem ich dem Steinschlag knapp entgangen bin, wandere ich auf den sanften Hängen von La Flégère. Der Petit Dru liegt auf der anderen Seite des Arvetals, etwa sechs Kilometer Luftlinie entfernt. Es gibt keinen besseren Platz, um das Mont-Blanc-Massiv zu betrachten. Am rechten Rand des Panoramas gleißt der Firn des Dôme du Goûter. Darüber erhebt sich der Mont Blanc, mit 4810 Metern der höchste Berg der Alpen. Von seinem Gipfel könnte man weit nach Süden blicken, etwa auf den Gipfel der

Combe Grosse, Seealpen. Die Berge scheinen bereits die Farben des Herbstes übernommen zu haben.

Küchenschelle, Dauphiné-Gebirge, nahe der Glacier-Blanc-Hütte.

Folgende Seiten: Nationalpark Vanoise, Grajische Alpen. Das nach dem gleichnamigen Gebirge benannte Schutzgebiet ist mit 500 Kilometer Wanderwegen erschlossen.

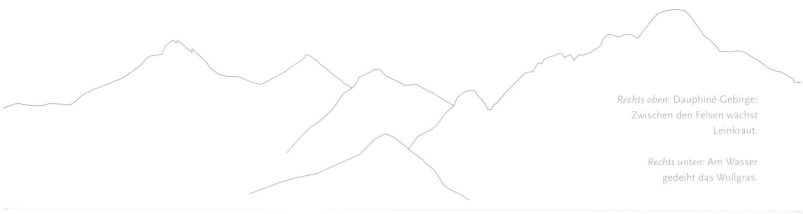

Rechts oben: Dauphiné-Gebirge: Zwischen den Felsen wächst Leinkraut.

Rechts unten: Am Wasser gedeiht das Wollgras.

Barre des Écrins, des südlichsten und westlichsten Viertausenders, der sich in der wilden Dauphiné-Gruppe aus dem Glacier Blanc erhebt. Vielleicht sähe man sogar noch weiter: bis zu den Grajischen Alpen, in denen der Vanoise-Nationalpark Hunderten Steinböcken Schutz bietet. Hätte man Glück, zeigten sich auch noch die Seealpen, ihre einsamen Gipfel und menschenleeren Täler, in denen die Grande Traversata delle Alpi beginnt, ein Weitwanderweg, der durch die Berge Italiens und Frankreichs bis in die Schweiz führt.

Doch zu faszinierend ist das Nahe, zu spektakulär, um den Gedankenbildern lange nachzuhängen. Die Aiguilles von Chamonix, spitze Felsnadeln, die den Horizont im Zickzack gliedern. Dann der tiefe Einschnitt des Mer de Glace, an dessen Ende die drei Pfeiler der Grandes-Jorasses-Nordwand wie Orgelpfeifen nach oben streben. Schließlich der Petit Dru, in dessen Westwand, ich fasse es nicht, sich plötzlich Tonnen von Stein lösen.

Es ist ein gespenstisches Schauspiel. Die Felsen stürzen wie in Zeitlupe in die Senkrechte. Doch zu hören ist nichts, zu weit weg ist der Berg. Dafür steigt, wie von unsichtbaren Fäden gezogen, eine Staubsäule auf. Immer höher weitet sie sich, fast bis auf Gipfelhöhe, wo sie ausfranst und wieder zu schrumpfen beginnt. Eine halbe Stunde später ist das Tal zwischen Petit Dru und Montenvers in einen blickdichten Schleier gehüllt. Man könnte meinen, dies sei Nebel. Doch es ist Staub. Stunden dauert es noch, bis der Blick frei ist in die Westwand des Dru. Wieder hat sie sich verändert. Ihre weißgraue Narbe, die hervorsticht aus dem goldgelben Granit, ist wieder ein Stück tiefer geworden. Sie stammt von Bergstürzen aus den Jahren 1997, 2003 und 2005, die den „Bonatti-Pfeiler" Stück für Stück zerstörten und das Gesicht der Wand für immer entstellten.

Die Gründe für die Bergstürze am Petit Dru sind vielfältig. Zum einen verläuft durch den Berg eine geologische Bruchlinie, an der verschieden alte und mächtige Gesteinsschichten aufeinandertreffen. Entstanden ist diese Zone schon bei der Auffaltung des Gebirges vor gut 80 Millionen Jahren. Heute fallen entlang dieser Sollbruchstelle immer wieder große Stücke Felsen ab, wie Legosteine, die nicht ineinander verschachtelt sind. Zum anderen taut mit der Erwärmung des Klimas der Permafrost auf, der die Gipfel des Mont-Blanc-Massivs bisher wie Zement zusammenhält. Schmilzt dieses Bindemittel, löst sich der Fels in seine Bestandteile auf.

So rutschen Teile des Berges einfach ab, und völlig unvermittelt folgt das Gestein der Schwerkraft. Rasend schnell. Die Autorin Nadja Klinger schreibt in ihrem Buch „Über die Alpen": «Für einen Bergsturz gibt es keinen Termin. Er ereignet sich unerwartet. Er erschüttert uns in unserem planmäßigen Dasein. Er trifft unsere Schwachstelle. Er rührt an unseren nachlässigen Vorstellungen vom Leben und von der Existenz der Dinge. An der Herabwürdigung des Unsichtbaren.» Vielleicht erinnert uns der Zusammenbruch von etwas, das für die Ewigkeit zu sein schien, auch an unsere

Man muss schon sehr genau hinsehen, um zwischen den Spalten des Glacier Blanc im Dauphiné-Gebirge die Anwärter auf den Gipfel der Barre des Écrins zu entdecken.

Vorige Seiten: Ein steiler Zahn. Im Abendlicht erglüht der Dent du Géant im Mont-Blanc-Massiv.

Auch der Glacier Blanc ist nicht überall weiß. Auf den Eistürmen liegt grauer Schotter, den der Gletscher ins Tal transportiert.

Folgende Seiten: Über dem Wolkenmeer im Arvetal erhebt sich der 4810 Meter hohe Mont Blanc.

Das obere Drittel der Nordwand des Petit Dru im Abendlicht.

Folgende Seiten: Am Brévent gegenüber dem Mont-Blanc-Massiv hat der Wind ein welliges Gebirge geformt.

Seiten 218/219: Zwei Steinböcke über dem Lac Blanc.

eigene Vergänglichkeit. Damit an ein mögliches Ende, das jederzeit eintreten kann. Und das uns deshalb sehr beunruhigt.

Einen Tag nach dem Felssturz fahre ich noch einmal nach Montenvers hinauf. Ich möchte den Petit Dru aus der Nähe sehen. Seine Veränderung nachvollziehen können. Von der Bergstation wandere ich über einen sanft ansteigenden Weg hinauf zum Signal Forbes, eine bucklige Erhebung am nördlichen Ende der Aiguilles von Chamonix. Sie ist bedeckt von Platten aus Granit und Gneis, die wie Dachziegel übereinanderliegen. Hier ist der Zerfall der Berge schon sehr weit fortgeschritten. Mir wird bewusst, dass es sich auch beim Bergsturz am Dru nur um einen normalen geomorphologischen Prozess im Hochgebirge handelt. Nur der Mensch nimmt diese Ereignisse als Katastrophe wahr. Weil er den „Bonatti-Pfeiler" nicht mehr klettern kann. Weil der Petit Dru nicht mehr als Postkartenmotiv taugt. Oder weil seine Infrastruktur bedroht ist, wie an den hoch gelegenen Seilbahnstationen der Grand Montets oder der Aiguille du Midi, deren Fundament aufgrund des schmelzenden Permafrostes auf immer wackligeren Beinen steht.

Ich blicke hinüber in die Westwand und versuche zu erkennen, welche Wandteile abgebrochen sind. Plötzlich fühle ich mich mitten in die steile Welt aus Platten, Rissen, Kaminen und Überhängen versetzt. Es dauert eine Weile, dann begreife ich warum. Es liegt am Geruch der Steine, die mich umgeben. Ich rieche die Härte des Gesteins, seine Verwitterung, seine Wärme und sein unbegreifliches Alter. Als sei dies der Atem der Berge. Mit der rechten Handfläche reibe ich an der warmen Oberfläche, bis sich meine Haut erhitzt hat. Dann lege ich sie über Mund und Nase. Es fühlt sich an, als könnte ich den Fels des Petit Dru in mich aufnehmen. Vielleicht ist es ja doch mehr als ein geflügeltes Wort, wenn Bergmenschen – Kletterer, Hüttenwirte, Jäger, Förster, Senner – sagen, sie seien zu einem Teil ihrer Umgebung geworden. Vielleicht haben sie ihr Leben lang nichts anderes gemacht, als mikroskopisch kleine Gesteinsteilchen einzuatmen.

«Wir haben für Düfte keine Namen wie für die anderen Sinnesqualitäten», schreibt der Ökologe und Philosoph Andreas Weber. «Farben sind rot oder blau, Temperaturen warm oder kalt, Speisen salzig oder sauer. Düfte aber heißen allein nach dem Stoff, der sie hervorbringt, oder nach der Situation, aus der man sie kennt.»

Dann aber wäre der Geruch von Granit – oder Kalk oder Sandstein – nicht nur ein Sinnesreiz, sondern auch eine Gemütsbewegung. «Das riecht ja wie damals am Petit Dru», werde ich vielleicht irgendwann einmal sagen. Der Geruch der Berge wäre dann etwas, an dem ich mich festhalten könnte. Ein sinnliches Exlibris, das mich erinnerte an das Leben und Unterwegssein in den Bergen.

FLORA UND FAUNA

Die Alpen bergen unzählige Tier- und Pflanzenarten.
Eine kleine Auswahl, auf die wir ein Auge haben sollten.

Alpenaster
(Aster alpinus)

Die bis zu 25 Zentimeter hohe Pflanze wird auch Alpensternblume oder Blaues Bergsteinkraut genannt. Ihr Blütenkörbchen besteht aus bis zu 50 violetten weiblichen Zungenblüten und 100 goldgelben zwittrigen Röhrenblüten. Diese zeigen sich von Juni bis September und werden von Faltern bestäubt. Die Alpen-Aster bevorzugt warme, kalkhaltige Böden bis zu 3100 Meter Höhe.

Alpen-Kratzdistel
(Cirsium spinosissimum)

Der lateinische Name lässt erahnen, was diese Pflanze auszeichnet. Frei übersetzt lautet er: „Kratzigste aller Kratzdisteln". Die Blüten sind umgeben von unverwechselbaren, lang gezogenen und gelblichen Hochblättern – ebenfalls mit Stacheln bewehrt. Von Weidevieh wird sie gemieden. Die Kratzdistel liebt feuchte, nährstoffreiche Böden wie Bachufer und Weiden in 1100 bis 3000 Meter Höhe.

Alpen-Leinkraut
(Linaria alpina)

Safrangelb leuchtet der Gaumenfleck der blauvioletten Blüte und zieht so die Aufmerksamkeit von Hummeln auf sich. Die Blüten ähneln Löwenmäulchen und sind in endständigen Trauben angeordnet. Das Alpen-Leinkraut wächst in bis zu 4000 Meter Höhe. Es ist ein Schuttkriecher: Mit seinen Ausläufern wächst es über Felsschutt oder Schotter und kann von Flüssen weit in die Tallagen geschwemmt werden.

Aurikel
(Primula auricula)

Die Aurikel besitzt viele Namen: Wilder Speik, Frühblume, Petergstamm, Platenigl und Alpenschlüsselblume. In Frankreich heißt sie gar Oreille d'ours („Bärenohr"). Die Aurikel ist die größte Primelart der Alpen und wird bis zu 25 Zentimeter hoch. Ihre Blüte ist intensiv gelb und duftend. Sie blüht von April bis Juli, bevorzugt kalkhaltige Böden und kommt in einer Höhe bis 2500 Meter vor.

Behaarte Alpenrose
(Rhododendron hirsutum)

Der lateinische Name bedeutet so viel wie „rauer Rosenbaum". Die Alpenrose gehört aber nicht zu den Rosengewächsen, sondern zur Gattung der Rhododendren und dort zur Familie der Heidekrautgewächse. Die auch Almrausch genannte Pflanze ist stark giftig und besitzt tiefrosa Blüten. Unter einer geschlossenen Schneedecke übersteht die empfindliche Alpenrose auch stärkeren Frost.

Berg-Hauswurz
(Sempervivum montanum)

Der Berg-Hauswurz gehört zur Familie der Dickblattgewächse. Die Pflanze zeichnet sich durch fleischige, als bodenständige Rosette angeordnete Blätter aus, die als Wasserspeicher dienen. Der Hauswurz vermehrt sich durch Ableger und kann bis zu zehn Zentimeter lange Ausläufer bilden. Er blüht rotviolett von Juli bis September. Die immergrüne Pflanze wächst noch in 3400 Meter Höhe.

Edelweiß
(Leontopodium alpinum)

Erst im 19. Jahrhundert erhielt das Edelweiß seinen Namen. Bis dahin war es weitgehend unbekannt. Doch mit der touristischen Erschließung der Alpen und seiner symbolträchtigen Vermarktung wurde es zum beliebten Souvenir. So wurde die Pflanze vielerorts fast ausgerottet und ist heute vor allem an schwer zugänglichen Felswänden zu finden. Das Edelweiß ist das Logo des Deutschen Alpenvereins.

Enzian-Gewächse
(Gentiana spec.)

Stängellose Arten mit tiefblauer, glockenförmiger Blüte sind typisch für Enzian-Gewächse. Wirtschaftlich bedeutender ist aber der Gelbe Enzian, dessen fingerdicke und meterlange Wurzeln zur Herstellung von Enzianschnaps verwendet werden. Viele Enziane schließen ihre Blüte bei Nacht oder schlechtem Wetter. Diese Wachstumsbewegungen führen dazu, dass die Blüte täglich größer wird.

Gletscher-Hahnenfuß
(Ranunculus glacialis)

Der Gletscher-Hahnenfuß vermag sich extremen Lebensbedingungen anzupassen. Man findet ihn sogar noch am 4270 Meter hohen Finsteraarhorn. Aufgrund dieser Fähigkeit ist er eine der am besten untersuchten Alpenpflanzen. Die anfangs weißen Blüten färben sich später dunkelrot. Ist die Pflanze zwei Jahre lang von Schnee bedeckt, können sich bereits angelegte Knospen wieder zurückbilden.

Großes Alpenglöckchen
(Soldanella alpina)

Unmittelbar nach der Schneeschmelze im Mai und Juni blüht die auch als Alpentroddelblume oder Alpen-Soldanelle bekannte Pflanze. Die glockenförmigen Blüten sind violettblau, nickend und ausgefranst, die nierenförmigen Blätter grundständig und immergrün. Das Alpenglöckchen ist zunehmend gefährdet durch Bodenverdichtung, Überdüngung und Trockenlegung seiner Lebensräume.

Latschenkiefer
(Pinus mugo mugo)

Der krumme Wuchs brachte ihr den Namen Krüppelkiefer ein. Der Stamm liegt nieder und die elastischen Äste sind reich verzweigt, sodass nur selten fünf Meter Höhe erreicht werden. Dies und das weitreichende Wurzelsystem lassen die Legföhre, wie sie auch heißt, Lawinen und Steinschläge überdauern. Aus den frischen Nadeln, Zweigspitzen und Ästen wird Latschenkieferöl gewonnen.

Silberdistel
(Carlina acaulis)

Auf mageren und trockenen Böden bis 2800 Meter findet man diese distelartige Pflanze. Die silbernen Hüllblätter, die im ausgewachsenen Zustand abgestorben sind, schließen sich bei Erhöhung der Luftfeuchtigkeit und reagieren extrem auf deren Veränderungen. Dieses Phänomens wegen nennt der Volksmund die Pflanze Wetterdistel. Das Öl der Pfahlwurzel hat eine antibiotische Wirkung.

Alpenapollo
(Parnassius sacerdos)

Der Alpenapollo lebt vor allem in den Zentralalpen in Höhenlagen zwischen 1600 und 2800 Metern. Er kommt in erster Linie an Fließgewässern vor, wo der Fetthennen-Steinbrech wächst, von dem sich seine Raupen ernähren. Deutlich schwarz-weiß geringelte Fühler unterscheiden ihn von nahe verwandten Arten. Die Raupe überwintert in der Eihülle, die Schmetterlinge fliegen von Ende Juni bis Ende August.

Alpendohle
(Pyrrhocorax graculus)

Die Alpendohle lebt nur im Hochgebirge. Ihre Beine sind rot, der Schnabel ist gelb. Nach der Brutzeit bilden sich Schwärme von mehreren Dutzend Tieren, sonst trifft man sie in kleinen Gruppen an. Der Vogel brütet in schwer zugänglichen Felswänden und ist ein Allesfresser. Im Sommer bevorzugt er tierische Kost wie Insekten und Wirbellose, im Herbst und Winter Beeren und Samen.

Alpenmurmeltier
(Marmota marmota)

Der gesellige Nager ist standorttreu. Über mehrere Generationen können so ausgedehnte Baue entstehen. Mit scharfen Pfiffen warnen sich die Tiere vor Feinden und suchen eiligst unter der Erde Schutz. Etwa von Oktober bis März hält das Murmeltier Winterschlaf. Die Körpertemperatur sinkt dann bis auf fünf Grad Celsius ab und der Herzschlag reduziert sich auf drei bis fünf Schläge pro Minute.

Alpensalamander
(Salamandra atra)

Der Salamander benötigt eine hohe Luftfeuchtigkeit. Deshalb kann man ihn vor allem in den frühen Morgenstunden beobachten. Der Schwanzlurch hat sich an die extremen Lebensbedingungen im Gebirge angepasst. Er ist lebendgebärend und braucht so keine Wasserlaichplätze. Die Jungtiere kommen nach einer Tragzeit von zwei bis vier Jahren – abhängig von der Höhenlage – voll entwickelt zur Welt.

Alpenschneehuhn
(Lagopus muta)

Das Raufußhuhn ist optimal an seine Umgebung angepasst: im Sommer grau gesprenkelt, mit einem Übergangskleid im Herbst, im Winter schneeweiß gefiedert. Die Männchen unterscheiden sich durch einen schwarzen Streifen zwischen Auge und Schnabel und einem ausgeprägteren Augenwulst von den Weibchen. Die Zehen sind befiedert, daher der wissenschaftliche Name *Lagopus* („Hasenfuß").

Bartgeier
(Gypaetus barbatus)

Dieser majestätische Raubvogel wurde erfolgreich wieder angesiedelt: 1913 im Alpenraum ausgerottet, begann man ihn ab 1986 wieder auszuwildern, was 1997 schließlich zu Bruterfolgen führte. Die Nahrung des Bartgeiers besteht zu 90 Prozent aus Knochen toter Tiere, die er aus großer Höhe auf Felsplatten – sogenannte Knochenschmieden – fallen lässt, wo sie in schnabelgerechte Stücke zerschellen.

Gämse
(Rupicapra rupicapra)

Kurze drehrunde Hörner und eine von den Ohren über die Augen laufende schwarze Längsbinde sind typisch für die bis zu 50 Kilo schwere Gämse. Die verlängerte Haarpartie am Widerrist, auch Gamsbart genannt, wird als Hutschmuck verwendet. Die Tiere sind scheu und lassen sich nur selten auf alpinen Wiesen oberhalb der Baumgrenze oder im oberen Waldgürtel beobachten.

Nordluchs
(Lynx lynx)

Der Luchs ist ein nachtaktiver Einzelgänger. Seine Fellfärbung reicht von sandfarben über rotbraun bis grau. Bis zum Ende des 19. Jahrhunderts wurde er im Alpenraum gezielt ausgerottet. Versuche, ihn wieder anzusiedeln, waren nur bedingt erfolgreich. Lediglich in der Schweiz entwickelte sich eine stabile Population. Verkehrsunfälle, aber auch Wilderei, führen immer wieder zu erheblichen Rückschlägen.

Schneefink
(Montifringilla nivalis)

Der Schneefink ist etwas größer als der Haussperling. Er bevorzugt hochalpine Gebiete zwischen 1900 und 3100 Metern. Man trifft ihn gelegentlich auch in 1000 Meter Höhe an, wenn er in den Felsen keine geeigneten Brutplätze findet und sich als Kulturfolger in Schutzhütten und Berggasthöfen einnistet. Zutraulich werden Schneefinken in Skigebieten, wo sie auf Futter von Touristen hoffen.

Steinadler
(Aquila chrysaetos)

Der „König der Lüfte" ist im Flug gut durch seinen abgerundeten Schwanz vom Bartgeier (keilförmiger Schwanz) zu unterscheiden. Der Beutegreifer macht in den Alpen bevorzugt Jagd auf Murmeltiere. Im Sturzflug erreicht er Geschwindigkeiten von bis zu 125 Kilometer je Stunde. In Europa über mehrere Jahrhunderte gejagt, überlebte er vor allem in den schwer zugänglichen Gebirgsregionen.

Steinbock
(Capra ibex)

Anfang des 19. Jahrhunderts war der Steinbock im gesamten Alpenraum ausgerottet – nur in Italien überlebten etwa 100 Tiere. Dank Schutz- und Wiederansiedlungsmaßnahmen erholten sich die Bestände. Die an die 100 Kilo schweren Männchen zeichnen sich durch ihr bis zu einem Meter langes Gehörn aus. Die Geißen sind mit 40 Kilo wesentlich kleiner und besitzen nur kurze Hörner.

Veilchen-Scheckenfalter
(Euphydryas cynthia)

Im Juni und Juli sieht man für etwa fünf Wochen auffällig gefärbte Edelfalter über Magerrasen und Geröllfluren in 1500 bis 3000 Meter Höhe fliegen. Es sind die Männchen des Veilchen-Scheckenfalters, auch Alpen-Maivogel genannt. Die Weibchen sind wesentlich unauffälliger gemustert. Zwei Jahre dauert es, bis aus dem Ei ein Falter geworden ist. Er überwintert im Raupenstadium.

TOURENTIPPS

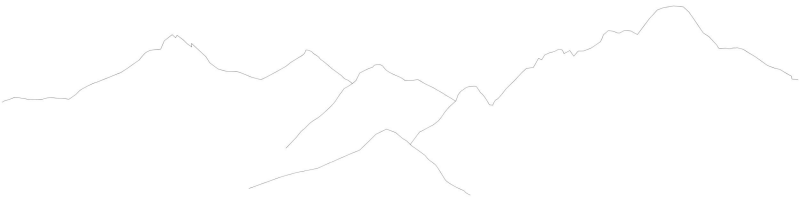

ALPINE VEREINE – Der Deutsche Alpenverein (www.alpenverein.de) informiert darüber, welche Sektion in der Nähe Ihres Wohnorts aktiv ist. So lässt sich prüfen, ob das jeweilige Reise- und Kursangebot den eigenen Vorstellungen entspricht. Die Mitgliedschaft beim Alpenverein ist nicht zuletzt dank der integrierten Versicherungsleistung bei Bergunfällen sinnvoll. Wissenswertes über Hütten, Wege, Wetter und Veranstaltungen aus den anderen sechs Alpenländern bieten auch Planinska Zveza Slovenije (www.pzs.si), der Österreichische Alpenverein (www.alpenverein.at), der Schweizer Alpen-Club (www.sac.ch), der Club Alpino Italiano (www.cai.it) und der Alpenverein Südtirol (www.alpenverein.it) sowie die Fédération Française de la Montagne et de l'Escalade (www.ffme.fr).

ALPINE AUSKUNFT – Unter www.alpine-auskunft.de kann man sich über die in den Bergen herrschenden Bedingungen informieren. Weitere Portale für aktuelle Tourenverhältnisse finden sich unter www.bergsteigen.at (»Forum) und www.bergtour.ch (»Gipfelbuch).

BERGWETTER – Dank differenzierter Online-Wettervorhersagen ist es relativ einfach geworden, seine Tourenplanung nach mittelfristigen Prognosen zu richten. Es schadet deshalb nicht, sich vor einer alpinen Kurzreise zum Beispiel unter www.mountain-forecast.com über die Wetterentwicklung zu informieren. Dort sind Drei- und Siebentagesvorhersagen für 9300 Gipfel auf bis zu fünf verschiedenen Höhenniveaus abrufbar.

BERGHÜTTEN – Ein Verzeichnis aller Hütten des Deutschen Alpenvereins findet man unter www.dav-huettensuche.de. Dank des ausgefeilten Suchsystems lässt sich auch Ausgefallenes finden, etwa eine Selbstversorgerhütte mit Matratzenlager, deren Umgebung sich für Wanderungen mit Kindern eignet.

BERGSTEIGERDÖRFER – Unter dem Label „Bergsteigerdörfer" haben sich 17 ausgewählte Bergdörfer aus Österreich zusammengeschlossen (www.bergsteigerdoerfer.at). Dazu gehören zum Beispiel Vent im Ötztal, wo der Geistliche Franz Senn im 19. Jahrhundert die Gründung des Deutschen Alpenvereins vorantrieb, oder die beschaulichen Orte Malta im Nationalpark Hohe Tauern, Lunz am See oder Johnsbach im wenig besuchten Gesäuse. Gemeinsam ist den Dörfern, dass sie die Berge und das Bergsteigen als Teil ihres kulturellen Selbstverständnisses betrachten und dieses getreu dem Motto „Weniger, dafür besser" ihren Gästen vermitteln wollen.

Die Schwierigkeitsgrade der Touren werden mit folgenden Symbolen gekennzeichnet:

 ein bisschen wild   wild    richtig wild

Zeitangaben beziehen sich, soweit nicht anders angegeben, auf die Gesamtlänge der Tour. Höhenmeter (Hm) sind mit einem ↑ für den Aufstieg und mit einem ↓ für den Abstieg markiert.

∼ FLUSS   — STRASSE   🅿 PARKPLATZ   🏠 HÜTTE   ✕ VERPFLEGUNG   ⛰ GIPFEL

DEUTSCHLAND

Radfahren im Rotmoos
Ammergauer Alpen

ZEIT: 4 Stunden
KARTENEMPFEHLUNG: Bayerisches Landesvermessungsamt, Werdenfelser Land, Blatt UK 50-50, 1:50 000

— **ROUTE:** 340 Hm ↑↓

Wilde Stille: Radler genießen an einem Herbstmorgen (oben) die Einsamkeit. Am Wegesrand wächst Berufkraut (unten).

Diese Radtour führt ins Herz der Ammergauer Alpen. Sie beginnt am Wanderparkplatz in Graswang; der kleine Ort liegt ziemlich genau zwischen den Sehenswürdigkeiten Kloster Ettal und Schloss Linderhof. In Graswang überquert man die Brücke über die Linder und fährt auf einer Forststraße Richtung Schattenwald-Diensthütte. An dieser vorbei geht es weiter ins Elmaugrieß. Bis auf zwei kurze Steigungen zieht sich die Forststraße nun recht flach ins Rotmoos hinein. Wie weit man radelt, bleibt jedem selbst überlassen: Die offenen Flächen der Elmau bieten schon bald idyllische Brotzeitplätze. Wer noch nicht rasten will, fährt weiter bis in die Moorlandschaft, welche die traumhaft schön gelegene Rotmoos-Alm umgibt. Zurück geht es auf demselben Weg – außer man entscheidet sich für die lange, aber landschaftlich ebenfalls reizvolle Runde über Griesen, den Plansee und Ammerwald.

Wildnisfaktor: Trotz seiner Nähe zu den Touristenattraktionen des Werdenfelser Landes zählt das Rotmoos zu den einsamsten Tälern des bayerischen Alpenraums. An seinen Hängen wächst ein ursprünglicher Bergmischwald, dessen Ränder alte, knorrige Ahornriesen zieren. In deren Schatten sollte man eine Weile ruhen – und die Stille der Wildnis auf sich wirken lassen.

Wanderer auf dem Gipfelgrat der Benediktenwand (links). In der Tutzinger Hütte mit der Südterrasse gibt es zur Belohnung eine Brotzeit (rechts).

Steinböcken auf der Spur
Bayerische Voralpen

ZEIT: 3 Stunden (bis Tutzinger Hütte); 5 Stunden (bis Benediktenwand)
KARTENEMPFEHLUNG: Bayerisches Landesvermessungsamt, Bad Tölz / Lenggries, Blatt UK L18, 1:50 000

— ROUTE: 1200 Hm ↑↓

Mit 1801 Meter Gipfelhöhe ist die Benediktenwand nicht gerade ein Riese. Doch ihre breite, schattige Nordwand überragt respektgebietend das Voralpenland. Und die Wege hinauf sind allesamt nicht kurz! Es schadet daher nicht, sich zwei Tage Zeit zu nehmen. Am ersten Tag führt der Anstieg vom Wanderparkplatz Gschwendt (617 Meter) bei Benediktbeuern auf Weg 456 durch das Lainbachtal zur Tutzinger Hütte (1325 Meter). Der Wirt, Hans Mayr, ist ein ausgezeichneter Kenner der Berge: Fragen Sie ihn, wenn Sie Informationen zum Weg benötigen! Am zweiten Tag geht es in einer Rechtsschleife über den leichten Westweg (455) zum Gipfel. Der Abstieg über den Ostweg (456) erfordert etwas Übung und Trittsicherheit; an zwei Stellen erleichtern Drahtseile das Vorwärtskommen.

Wildnisfaktor: Im Lainbachtal wird dem Wanderer eindrücklich vor Augen geführt, welche Urgewalten in den Bergen wirken können. Der hervorragend konzipierte Wildbach-Lehrpfad führt zu den Schauplätzen zerstörerischer Hochwasser, die von Gewittern ausgelöst wurden. Während des Aufstiegs zur Benediktenwand benötigt man nur etwas Glück, um die prächtigen Steinböcke zu sehen, die rund um den Gipfel heimisch sind.

Auf dem Mond? Nein, auf der Reiteralm (links). Gämse in den Berchtesgadener Alpen (rechts).

Servus, Touristen!
Berchtesgadener Alpen

ZEIT: 5 Stunden (bis Prünzlkopf); 7 Stunden (bis Neue Traunsteiner Hütte)
KARTENEMPFEHLUNG: Bayerisches Landesvermessungsamt, Nationalpark Berchtesgaden, Blatt UK 25-1, 1:25 000

— ROUTE: 1300 Hm ↑, 1450 Hm ↓

/// NATURSCHUTZGEBIET

Man kennt die Herrgottsschnitzer, den Hintersee, die Ramsau – das Postkartenidyll im Berchtesgadener Land, das in den Sommermonaten Touristen en masse anzieht. Umso erstaunlicher ist es, wie schnell man diesem Treiben entkommen kann. Dazu verlässt man den Ort Hintersee (800 Meter) über die Halsalm und erreicht so die Ostabstürze der Reiteralm. Steil windet sich dort der Böselsteig hinauf, folgt Rinnen und Rippen, mal über Treppenstufen, die zum Teil „versichert" sind. Ringsum ist man von wilder, steiler Felslandschaft umgeben – bis plötzlich das Hochplateau der Reiteralm erreicht ist, und die Landschaft sich grundlegend ändert. Eine flache, karstige Hochebene liegt nun vor dem Wanderer, dessen Blick ungehindert auf die Ebenen im Norden, auf Hochkalter und Watzmann im Osten, auf die Hohen Tauern im Süden fällt. So schön ist das alles, dass man auf dem breiten Kamm, der hinüberführt zum Prünzlkopf (2081 Meter), gar nicht weiß, wohin man schauen soll. Am besten bleibt man deshalb eine Nacht – und steigt am folgenden Morgen erst über die Neue Traunsteiner Hütte (1570 Meter) nach Oberjettenberg (640 Meter) ab.

Wildnisfaktor: Eine Nacht im Freien! Isomatte, Schlafsack, Kocher, Wasser – viel mehr braucht man nicht, um in der Wildnis zu schlafen. Der breite Rücken oberhalb der Reiteralm bietet sich dafür geradezu an. Doch Vorsicht bei Nebel! Wenn er einfällt, wird die Orientierung auf dem weitläufigen Hochplateau schwierig.

ÖSTERREICH

Berg und Tal
Verwall

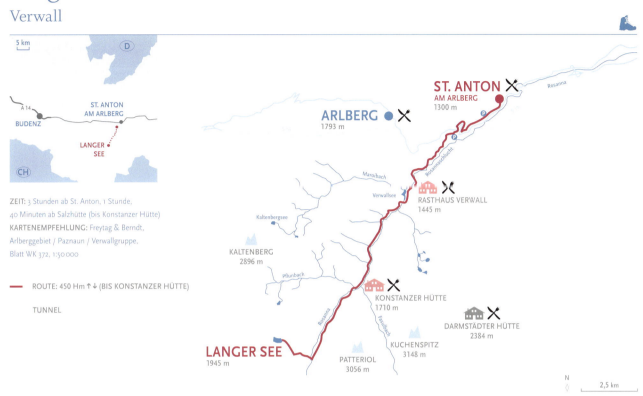

ZEIT: 3 Stunden ab St. Anton, 1 Stunde, 40 Minuten ab Salzhütte (bis Konstanzer Hütte)
KARTENEMPFEHLUNG: Freytag & Berndt, Arlberggebiet / Paznaun / Verwallgruppe, Blatt WK 372, 1:50.000

— ROUTE: 450 Hm ↑↓ (BIS KONSTANZER HÜTTE)
TUNNEL

Leichtes Lustwandern am Winterjöchle (oben). Die Rosanna ist ein Gebirgsbach, der bei Kanuten beliebt ist (unten).

Nördlich von St. Anton (1300 Meter) liegt der Arlberg – international bekannt als winterliches Tiefschnee-Dorado. Viel weniger bekannt ist dagegen, dass südlich der Ski-Hauptstadt die Verwallgruppe mit einsamen Talwanderungen und Gipfelanstiegen auf Besucher wartet. Ein relativ einfacher und direkter Zugang in die karge Gebirgslandschaft verläuft durch die bewaldete Rosannaschlucht, in der man oft Kanuten im Wildwasser beobachten kann. Nach der Schlucht folgt der Weg dem ursprünglich gebliebenen Verwalltal, zunächst durch einen lichten Bergwald, später über offene Almen, bis man schließlich die Konstanzer Hütte (1710 Meter) erreicht. Verkürzen lässt sich der Anstieg, indem man von St. Anton mit dem Auto bis zum Rasthaus Verwall (1445 Meter) fährt. Zwischen neun und 18 Uhr allerdings ist die Straße für Autos gesperrt.

Wildnisfaktor: Bis weit in den Frühsommer hinein ist der Weg durch das Verwalltal von hohen Lawinenkegeln gesäumt, die daran erinnern, dass man in einer exponierten Landschaft unterwegs ist. Es empfiehlt sich, eine Nacht in der Konstanzer Hütte zu bleiben (hervorragende Küche!) und am folgenden Tag zum abgeschiedenen Langer See aufzusteigen (eine Stunde). Von nirgendwo sonst ist der Blick auf den Patteriol (3056 Meter) – das „Matterhorn der Ostalpen" – ähnlich spektakulär.

Der Fruschnitz Kees über dem Schwarzsee im Nationalpark Hohe Tauern ist eine großartige Gletscherlandschaft (links). Das Edelweiß bevorzugt steinige Wiesen (rechts).

Weglos – aber nicht ausweglos
Hohe Tauern

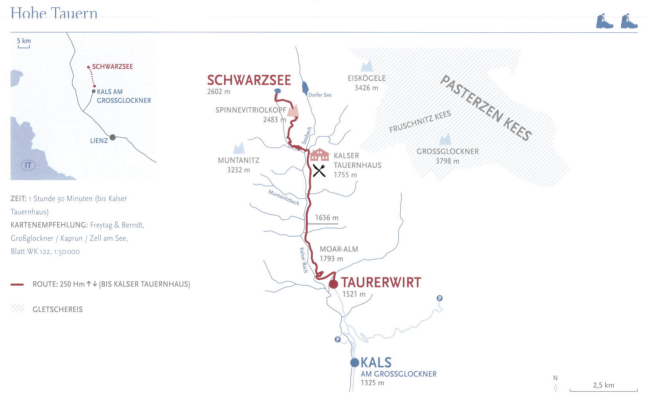

ZEIT: 1 Stunde 30 Minuten (bis Kalser Tauernhaus)
KARTENEMPFEHLUNG: Freytag & Berndt, Großglockner / Kaprun / Zell am See, Blatt WK 122, 1:50 000

— ROUTE: 250 Hm ↑↓ (BIS KALSER TAUERNHAUS)

/// GLETSCHEREIS

Nun gut, es ist ein mächtiges Steinhaus, bewehrt von einem hohen First und rot-weißen Fensterläden – nicht gerade ein Wildnissymbol. Andererseits aber macht das Kalser Tauernhaus (1755 Meter) gerade deutlich, dass der Mensch auf Schutz angewiesen ist inmitten einer großartigen Gletscherlandschaft, wie sie die Hohen Tauern darstellen. Vom Taurerwirt (1521 Meter) oberhalb von Kals ist die gemütliche Hütte auf bequemem Weg durch das Dorfertal in etwa 90 Minuten zu erreichen. Man könnte sich auch von einem Taxi fahren lassen – aber wer will das schon?

Wildnisfaktor: Richtig einsam wird es oberhalb des Kalser Tauernhauses: Zunächst in steilem Zickzack, dann über einen Grasrücken geht es in etwa zwei Stunden und 30 Minuten auf den Spinnevitriolkopf (2483 Meter). Anschließend folgt man dem Weg Nr. 517 Richtung Sudetendeutsche Hütte, zweigt aber an einem Bachlauf auf schmalem Pfad Richtung Norden ab. Bald verliert sich das Steiglein. Weglos geht es über Wiesen und Geröll zum Ufer des Schwarzsees (2602 Meter) – eine kleine Fingerübung in Orientierung, die ab dem Spinnevitriolkopf etwa eine Stunde 30 Minuten in Anspruch nimmt.

So ursprünglich, so nah
Karwendel

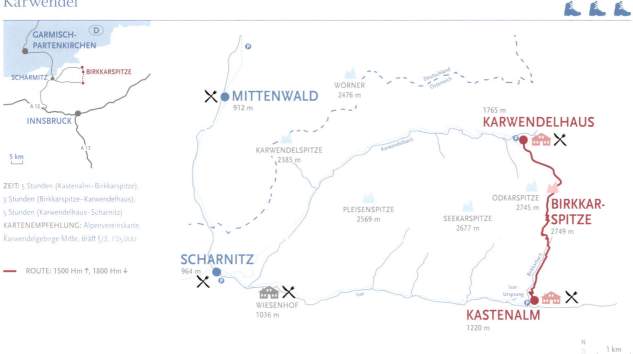

ZEIT: 5 Stunden (Kastenalm–Birkkarspitze), 3 Stunden (Birkkarspitze–Karwendelhaus), 5 Stunden (Karwendelhaus–Scharnitz)
KARTENEMPFEHLUNG: Alpenvereinskarte, Karwendelgebirge Mitte, Blatt 5/2, 1:25000

ROUTE: 1500 Hm ↑, 1800 Hm ↓

Das Karwendel ist etwas ganz Besonderes. Denn es gibt kein Gebirge, das ähnlich nah an Bergsteigermetropolen wie München und Innsbruck liegt, und in dem es dennoch so ursprünglich und ruhig geblieben ist. Vor allem im Herbst, wenn die Wälder bunt gefärbt sind, wenn die Luft klar ist und das Wetter stabil, sollte man die langen Wanderungen in Angriff nehmen. Zum Beispiel den Anstieg auf den höchsten Karwendelgipfel, die Birkkarspitze (2749 Meter). Vom Talort Scharnitz lässt man sich mit einem Sammeltaxi zur Kastenalm (1220 Meter) chauffieren (Taxi Mair, Tel. +43/5213/5363). Dort beginnt der schmale und felsige Steig zum Gipfel. Kurz unterhalb liegt die einfach ausgestattete Birkkarhütte, eine Notunterkunft. Der Abstieg erfolgt durch das steile Schlauchkar zum Karwendelhaus (1765 Meter). Dort hält man sinnvollerweise Nachtruhe, bevor es durch das nicht enden wollende Karwendeltal zurück nach Scharnitz geht.

Wildnisfaktor: Im Karwendel sind Wanderwege lediglich Provisorien. Altschneereste, Felsstürze, brüchiges Gestein, Geröll und Latschenfelder sorgen dafür, dass Wanderer auf alles gefasst sein sollten – zum Beispiel auf eine unerwartete Umkehr. Je nach Wetterlage und Jahreszeit können nordseitige Anstiege noch vereist sein, während man in den südseitigen Fluchten vergeblich Wasser sucht. Erfahrung und gute Planung sind demnach das A und O jeder Karwendeltour.

Tour für kundige Kraxler: Diese Wanderer sind am Ziel – auf der Birkkarspitze (links). Blick von dort auf die Ödkarspitze (rechts).

SLOWENIEN

Auf dem Stuhl
Kobariški Stol

ZEIT: 8 Stunden
KARTENEMPFEHLUNG: Freytag & Berndt, Julische Alpen, 1:50 000

ROUTE: 1400 Hm ↑↓

**Wohnen hier Trolle? Einsam genug wäre es!
Verwunschener Wald (oben), Wanderer bei Sonnenaufgang (unten).**

„Stol" wird der Gipfel des Kobariški Stol (1673 Meter) von den einheimischen Bergsteigern meistens genannt – „Stuhl". Von diesem erstreckt sich ein 34 Kilometer langer Bergrücken Richtung Westen bis hinein nach Italien, wo er „Gran Monte" genannt wird. Charakteristisch für die südlichen Ausläufer der Julischen Alpen: Der Bergrücken erhebt sich ansatzlos steil aus dem Tal der Soča. Die erste Erhöhung namens Baba liegt bereits 500 Meter über dem Talboden. Anschließend wird die Neigung geringer, bis der Grat am Kobariški Stol den höchsten Punkt erreicht.

Wildnisfaktor: Während die nördlichen Hänge des Kobariški Stol von dichter Vegetation bedeckt sind, wachsen am Kamm selbst nur kleine, gedrungene Bäume. Die Südhänge dagegen sind grasig und felsig. All dies zeigt eindrücklich, dass der lange Bergrücken das erste Bollwerk gegen die aus Westen anrückenden Kaltfronten ist – entsprechend niederschlagsreich ist die Gegend. Wanderer sind hier, trotz guter Wege, meistens alleine unterwegs. Man sollte also genügend zu essen und trinken dabei haben – und vor allem bei Regen der Rutschgefahr auf steilen Grashängen gewahr sein.

Der Weg zum Špik (links) lohnt sich – er ist gesäumt von farbenprächtiger Natur. Herbstlaub auf Kalkboden (rechts).

Die Lanzenspitze
Špik

ZEIT: 8 Stunden
KARTENEMPFEHLUNG: Freytag & Berndt, Julische Alpen, 1:50 000

— ROUTE: 1600 Hm ↑↓

Wenn man auf der Terrasse eines Cafés in Gozd Martuljek sitzt und direkt hineinblickt in die Nordabstürze des Špik (2472 Meter), dann kann man eigentlich gar nicht mehr anders – dann muss man dort hinauf. Der Špik, die „Lanzenspitze", kommt dem oft beschworenen Ideal des perfekten Berges ziemlich nahe. Seine Nordwand ist ein gleichschenkliges Dreieck, knapp 1000 Meter hoch, den Kletterern vorbehalten. Im Westen jedoch hat auch dieses architektonische Schaustück eine Schwachstelle – immer noch steil, immer noch lang, aber dank eines Weges und einiger Versicherungen auch für Wanderer lösbar.

Wildnisfaktor: Etwa 20 Minuten läuft man sich warm, dem sanft ansteigenden Forstweg ins Krnica-Tal folgend. Doch ab dort, wo auf einen Stein mit roter Farbe das Wort „Špik" gepinselt wurde, wird es steil. Sehr steil, fast 800 Höhenmeter lang, bis der Weg den Kacji-Graben – den „Schlangengraben", nomen est omen! – verlässt und über Geröllfelder hin- und herquerend den letzten Aufschwung zum Gipfel erreicht. Während des Aufstiegs muss man ab und zu an die Felsen greifen. Trittsicher und schwindelfrei sollte man also sein. Dafür steht man nach schweißtreibender Wanderung auf dem schönsten Gipfel der Julischen Alpen.

ITALIEN

In eisigen Höhen
Zillertaler Alpen

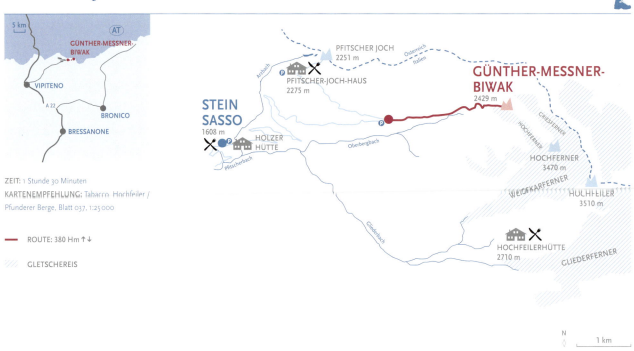

ZEIT: 1 Stunde 30 Minuten
KARTENEMPFEHLUNG: Tabacco, Hochfeiler / Pfunderer Berge, Blatt 037, 1:25 000

— ROUTE: 380 Hm ↑↓
/// GLETSCHEREIS

Der Hochferner (oben) bietet Herausforderungen für jeden Bergsteiger. Eine Seilschaft (unten) auf der Eisroute.

Man zähle die Kehren, in denen sich die Straße hinauf zum Pfitscher Joch windet, und halte an der fünften (2054 Meter). Dies ist der Ausgangspunkt für die eineinhalbstündige Wanderung zum Günther-Messner-Biwak (2429 Meter). Der Weg dorthin lässt sich nicht verfehlen: Man folgt ihm einfach immer weiter hinein ins Tal, an dessen Ende die Gipfel der Zillertaler Alpen hufeisenförmig aufgereiht sind. Vor diesem imposanten Rund steht eine gelbe Blechhütte, die „Günther-Messner-Biwakschachtel" – benannt nach dem 1970 am Nanga Parbat (8125 Meter) im Himalaja tödlich verunglückten Bruder Reinhold Messners.

Wildnisfaktor: Die Behelfsunterkunft, eingerichtet mit Matratzen, Decken und Kochgerät, bietet Platz für neun Personen. An schönen Wochenenden kann es aber durchaus vorkommen, dass sich mehr Menschen darin drängen. Die meisten von ihnen kommen, um über die steile Nordwestwand des Hochferner (3470 Meter) zu klettern – eine Eisroute, die wie viele andere Wände der Alpen unter der Klimaerwärmung leidet. Dennoch bietet sie einen imposanten Anblick. Und das Schöne daran ist, dass man selbst ohne alpine Vorkenntnisse in etwa zehn Minuten bis fast an ihren Fuß wandern kann. Ist das Biwak nicht komplett von Bergsteigern belegt, sollte man ruhig eine Nacht darin verbringen. Und die nächtliche Stille des Hochgebirges genießen.

Aussicht auf den Lago Maggiore vom Monte Lorenzo aus (links) und Wandern durch Birkenwälder am Monte Faje (rechts).

Wo das Herz klopft
Val Grande

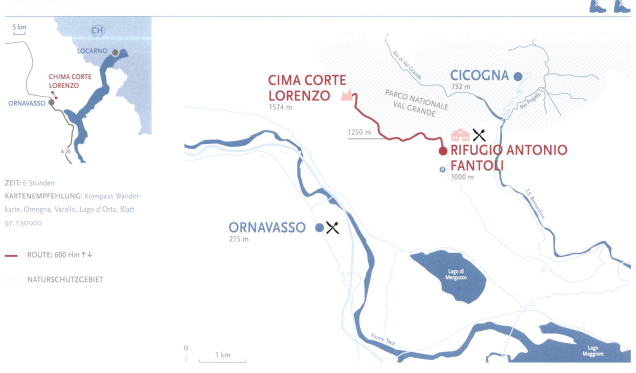

ZEIT: 6 Stunden
KARTENEMPFEHLUNG: Kompass Wanderkarte, Omegna, Varallo, Lago d'Orta, Blatt 97, 1:50 000

— ROUTE: 600 Hm ↑↓

NATURSCHUTZGEBIET

Ein schmaler Grat führt vom Rifugio Antonio Fantoli (1000 Meter) – in dem man am Vorabend der Wanderung die gute Küche genießen sollte – zum Gipfel der Cima Corte Lorenzo (1574 Meter). Immer wieder geht es dort hinauf und hinunter. Man legt daher deutlich mehr Höhenmeter zurück, als die Landkarte suggeriert. Ausgesetzt führt der schmale Pfad über steile Gras- und Felsaufschwünge, manche Querung verursacht auch bei erfahrenen Berggängern Herzklopfen. Umso intensiver kann man den Blick vom Gipfel genießen: tief in der Ebene der Lago Maggiore, gegenüber die mächtige Ostwand des Monte Rosa, die höchste Eiswand der Alpen. Eine Schau!

Wildnisfaktor: Der Nationalpark Val Grande ist ein eindrucksvolles Beispiel dafür, wie schnell sich die Natur ihr Terrain zurückerobert — wenn man sie lässt. Nach gut sieben Jahrhunderten intensiver alm- und forstwirtschaftlicher Nutzung entvölkerte sich das Gebirge nach dem Zweiten Weltkrieg. Seither verwandelt sich die einstige alpine Kulturlandschaft Stück für Stück in Wildnis zurück. Blickt man vom Gipfel der Cima Corte Lorenzo nach Norden, wird das Ergebnis dieses Prozesses deutlich sichtbar: Der Kern des Nationalparks, die „Riserva Integrale", ist eine Landschaft im Urzustand. Ohne die geringste Spur menschlicher Anwesenheit. Beeindruckend!

Übernachten kann man in der Düsseldorfer Hütte (links) – im Hintergrund thront der Ortler. Über den Angelusferner steigt man zur Kleinen Angelusspitze auf (rechts).

Wider die Schwerkraft
Ortlergruppe

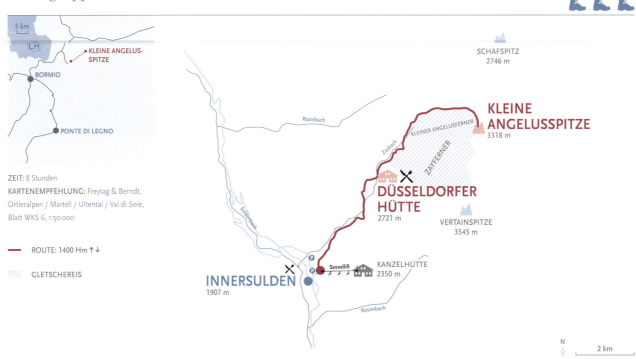

ZEIT: 8 Stunden
KARTENEMPFEHLUNG: Freytag & Berndt, Ortleralpen / Martell / Ultental / Val di Sole, Blatt WKS 6, 1:50 000

— ROUTE: 1400 Hm ↑ ↓
▨ GLETSCHEREIS

Man kann diese Tour von Innersulden aus in einem Rutsch machen – das erfordert allerdings eine sehr gute Kondition und viel Kraft. Etwas entspannter lässt sie sich in zwei Tagen angehen. Tag eins führt auf die Düsseldorfer Hütte (2721 Meter), wunderschön auf einer Aussichtskanzel gelegen, mit Logenblick auf das Dreigestirn Königspitze, Zebrù und Ortler. Der zweite Tag beginnt mit dem Aufstieg durch die von Gletschern geformte Landschaft zum Fuß der Tschenglser Hochwand. Über eine Moräne erreicht man den Kleinen Angelusferner und schließlich das Zayjoch (3224 Meter). Von diesem geht es über Felsblöcke und Steinplatten hinauf zum Gipfel der Kleinen Angelusspitze (3318 Meter). Auch von dort ist die Aussicht beeindruckend: Und man fragt sich, wie die Hängegletscher in den Nordwänden des Hohen Angelus (3521 Meter) und der Vertainspitze (3445 Meter) der Schwerkraft widerstehen.

Wildnisfaktor: Auf dieser Tour geht es hochalpin zu. Der Kleine Angelusferner ist im Sommer, wenn die Spalten offen liegen, zwar ein relativ harmloser Gletscher. Für den Aufstieg empfehlen sich dennoch Steigeisen. Bei entsprechenden Verhältnissen – wenn im Frühsommer noch genügend Restschnee liegt – kann man auch am linken Rand des Gletschers aufsteigen. Dabei muss man jedoch unbedingt auf Steinschlag achten!

SCHWEIZ

Berge in Bewegung
Berner Alpen

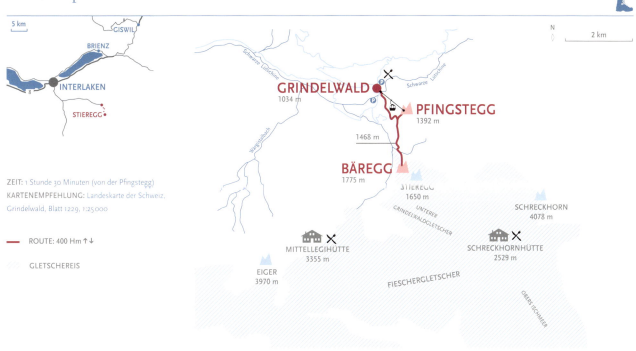

ZEIT: 1 Stunde 30 Minuten (von der Pfingstegg)
KARTENEMPFEHLUNG: Landeskarte der Schweiz, Grindelwald, Blatt 1229, 1:25000

— ROUTE: 400 Hm ↑↓

▨ GLETSCHEREIS

Den Berner Alpen ganz nah ist man im Berghaus Bäregg (oben). In der Nähe wächst Edelweiß (unten).

Natürlich sollte man von Grindelwald auf die Kleine Scheidegg fahren, um der berühmt-berüchtigten Nordwand des Eiger (3970 Meter) ins Gesicht zu blicken. Noch näher dran an die hohen, vergletscherten, unzugänglichen Gipfel der Berner Alpen kommt man aber etwas weiter östlich: Mit der Pfingsteggbahn schwebt man auf knapp 1400 Meter Höhe. Von der Bergstation führt ein gut ausgebauter Wanderweg durch Bergwald und über glatte Urgesteinsplatten, zuletzt etliche Kehren hinauf zum Berghaus Bäregg (1775 Meter). Dahinter aber erstrahlen die Berge schneeweiß, und Gletscher bedecken wie zerwühlte Bettlaken die felsigen Abbrüche.

Wildnisfaktor: Es gibt wenige Orte in den Alpen, die so leicht erreichbar sind. Und die den Besucher zugleich erleben lassen, wie stark das junge Gebirge in Bewegung ist – und wie sehr es sich bis heute wandelt. So musste 2005 etwa der alte Standort der Hütte am Stieregg aufgegeben werden, weil der fehlende Druck des schmelzenden Grindelwaldgletschers die Seitenmoräne instabil gemacht hatte. Ein Jahr später ereignete sich in der Ostwand des Eigers, gegenüber der Hütte, ein spektakulärer Felssturz. Und erst vor wenigen Jahren bildete sich unterhalb von Bäregg ein großer Gletschersee, der die Dramatik des Gletscherschwunds sichtbar macht.

Meliert wie Marmorkuchen: Granitgestein im Val Verzasca zwingt den wilden Fluss in sein Bett.

Am wilden Fluss
Tessin

ZEIT: 4 Stunden
KARTENEMPFEHLUNG: Kompass Wanderkarte, Valle Maggia, Val Verzasca, Blatt 110, 1:50 000

— ROUTE: 380 Hm ↓

Das Val Verzasca im schweizerischen Tessin ist eines der schönsten Täler auf der Südseite der Alpen. Wer es erleben will, sollte auf dem „Sentiero Verzasca" von Sonogno nach Lavertezzo wandern. Das ist an einem Tag gut zu machen – und es bleibt genügend Zeit für das ein oder andere Fußbad im smaragdgrünen Wasser der Verzasca.

Wildnisfaktor: Die Verzasca, sagen Kajakfahrer, werde oft unterschätzt, weil ihr schönes Wasser so harmlos wirke. Dabei sei sie ein richtig wilder Fluss. Vor allem dort, wo gelb-braun-grau melierte Granitblöcke sie in ein enges Korsett zwingen: Da schäumt und sprudelt es, da rauscht es ohrenbetäubend, da folgen Prallwände auf Stufen und unterspülte Felsen auf Wasserfälle. „Hexenritt" oder „Luzifers Rutschbahn" nennen Kajakfahrer diese Passagen. An manchen Stellen aber nimmt sich der Fluss etwas mehr Zeit, zum Glück. An der „Ponte di Salti" etwa, der mittelalterlichen Doppelbogenbrücke bei Lavertezzo. Hier kann man sich auf den erwärmten Felsplatten sonnen und vielleicht sogar ins Wasser hüpfen. Doch Vorsicht ist geboten. In vier Sprachen warnen Schilder an den Badestellen vor dem unberechenbaren Sog des Flusses – der eben ein richtig alpines Wildgewässer ist.

Im Tal der Zwerge
Unterengadin

ZEIT: 8 Stunden
KARTENEMPFEHLUNG: Landeskarte der Schweiz, Unterengadin, Blatt 5017, 1:50 000

ROUTE: 1500 Hm ↑, 1600 Hm ↓

Lang ist der Aufstieg von Zernez auf den Munt Baselgia, den „Kirchenhügel", dessen höchster Punkt 2945 Meter erreicht. Doch die vier Stunden, die man von ganz unten nach ganz oben unterwegs ist, sind abwechslungsreich – und vor allem wird die Sicht auf die Eisriesen der Bernina-Gruppe mit jedem Meter spektakulärer. Mit dem Anblick einer weiteren Naturschönheit belohnt wird der Wanderer, sobald er den Abstieg beginnt. Über die Fuorcletta da Barcli und steile Geröllfelder geht es hinunter zur Seenplatte von Macun, mitten im Schweizerischen Nationalpark gelegen: 23 kristalline Seen, die wie grünblaue Augen im grauen Felsenrund leuchten. An ihnen vorbei führt der Weg in vielen Serpentinen hinab nach Lavin – von dort geht es mit der Rhätischen Bahn zurück nach Zernez.

Wildnisfaktor: Rund um die Seenplatte von Macun ist die Chance groß, eines der vielen dort heimischen Murmeltiere beobachten zu können. Einer Sage nach lebten am Lai Grond, einem der vorderen Seen, früher eine große Anzahl Zwerge. Sie stiegen abends ins Tal, um Blätter zu sammeln, aus denen sie Sterne schmiedeten. Lange Zeit kamen Zwerge und Menschen gut aus, bis sich Letztere tückisch veränderten – und plötzlich in der Lage waren, durch ihren Blick Zwerge in Murmeltiere zu verwandeln. Wenn einer der verwunschenen, pelzigen Zwerge nun Menschen erblicke, richte er sich hoch auf und pfeife einen schrillen Ton – um seine Sippe zu warnen.

Der Nationalpark-Ranger Peter Roth, die Ruhe in Person (links), und eine typische Landschaft aus Urgesteinen um die Seenplatte von Macun (rechts).

FRANKREICH

Ausflug mit Ausblick
Seealpen

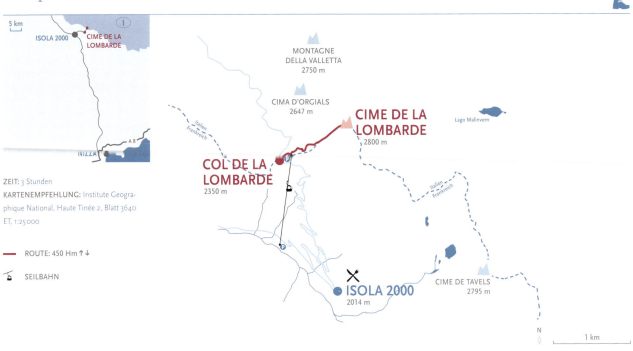

ZEIT: 3 Stunden
KARTENEMPFEHLUNG: Institute Geographique National, Haute Tinée 2, Blatt 3640 ET, 1:25 000

— ROUTE: 450 Hm ↑↓

SEILBAHN

Spektakuläre Weitsicht vom Cime de la Lombarde auf den Monviso (oben). An der Waldgrenze stehen nur noch vereinzelte Lärchen (unten).

Immer weiter geht es hinein in die Wildnis. Auf einer schmalen Passstraße entflieht man der ungemütlichen Atmosphäre des Retortenskiorts Isola 2000. Anschließend verlässt man den Col de la Lombarde (2350 Meter) über einen markierten Weg, der über einen steilen Bergrücken in nordwestlicher Richtung führt. Und zu guter Letzt verabschiedet man sich von allem Grün. Abrupt hört der Weg auf, verliert sich in einem Meer aus graubraunen Felsplatten. In allen Formen und Varianten liegen diese auf dem Grat, von schuhkartongroß bis tischgroß. Zum Glück ist der Weiterweg mit kleinen Steinmännern markiert. Fällt Nebel ein, sollte man aufpassen, sonst geht man im grauen Einerlei schnell verloren.

Wildnisfaktor: Monochrome, scheinbar eintönige Landschaften haben etwas an sich, das die Menschen stark fasziniert. Wahrscheinlich ist es die Abwesenheit von allem Spektakulären. Sie ermöglicht es dem Wanderer, sich auf sich selbst zu konzentrieren. So nimmt man, noch ganz in sich versunken, die letzten 50 Meter unter die Sohlen, die sich nur leicht geneigt zum Gipfel ziehen. Und ist ganz plötzlich verblüfft von der Aussicht, die sich rund herum auftut: Sie reicht vom Matterhorn in den Walliser Alpen bis zur Insel Korsika, deren Silhouette sich im Dunst des Südens abzeichnet.

Wanderer vor dem Refuge du Glacier Blanc (links) und der Mont Pelvoux im Morgenlicht (rechts).

Gletscher, schwarz-weiß
Dauphiné

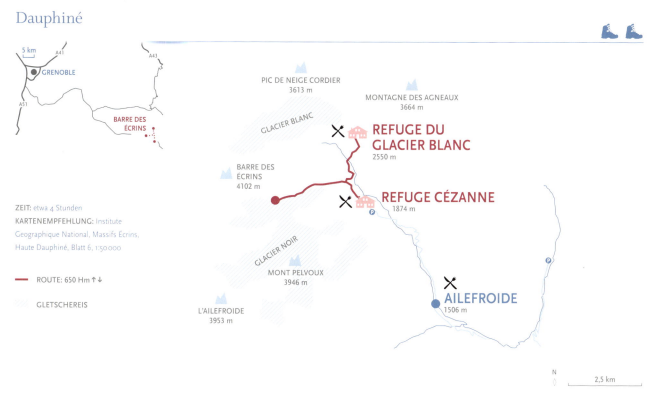

ZEIT: etwa 4 Stunden
KARTENEMPFEHLUNG: Institute Geographique National, Massifs Écrins, Haute Dauphiné, Blatt 6, 1:50 000

— ROUTE: 650 Hm ↑↓

GLETSCHEREIS

Es geht beim Bergsteigen nicht immer um Gipfel. Auf dieser Tour im französischen Écrins-Massiv beispielsweise erklimmt man keine spektakulären Höhen – dafür dringt man in eine eindrucksvolle, von Gletschern geprägte Gebirgslandschaft vor. Vom Refuge Cézanne (1874 Meter) führt der Weg zunächst recht flach zum Talschluss. Noch ist man von vielen Ausflüglern umgeben. Die meisten von ihnen zweigen nach etwa einer Stunde Gehzeit in Richtung Refuge du Glacier Blanc (2550 Meter) ab, dieser Weg hingegen biegt nach Westen ab. Und plötzlich wandert man allein durch einen gänzlich einsamen Hochgebirgskessel, umgeben von Barre des Écrins (4102 Meter), L'Ailefroide (3953 Meter) und Mont Pelvoux (3946 Meter).

Wildnisfaktor: Der Glacier Noir, der „Schwarze Gletscher", verdankt seinen Namen dem Umstand, dass sein unterer Teil mit Moränenschutt bedeckt ist. Dies schützt ihn vor direkter Sonneneinstrahlung, weshalb er sich auch noch nicht ganz so weit zurückgezogen hat wie der Glacier Blanc – bis 1866 waren die beiden Gletscher noch zu einem einzigen Eiskörper verschmolzen. Auf den mit Schutt bedeckten Glacier Noir kann man auch ohne Gletscherausrüstung hochwandern – mit entsprechender Vorsicht erreicht man eine Höhe von etwa 2500 Metern.

IMPRESSUM

Fotos: Bernd Ritschel | www.lightwalk.de
Texte: Tom Dauer | www.magda.de/tom_dauer

© NG Malik Buchgesellschaft mbH, Hamburg 2012, 2015
Erweiterte Broschurausgabe, veröffentlicht von NATIONAL GEOGRAPHIC DEUTSCHLAND
Alle Rechte vorbehalten. Reproduktionen, Speicherungen in Datenverarbeitungsanlagen oder Netzwerken, Wiedergabe auf elektronischen, fotomechanischen oder ähnlichen Wegen, Funk oder Vortrag, auch auszugsweise, nur mit ausdrücklicher Genehmigung des Copyright-Inhabers.

Konzept und Lektorat: Alexandra Schlüter
Gesamtgestaltung und Bildredaktion: Erdgeschoss Grafik, Esther Gonstalla | www.erdgeschoss-grafik.de
Flora und Fauna: Alexandra Carsten
Redaktion Tourentipps: Andrea Schwendemann
Schlussredaktion: Anke Taubitz
Kartografie: Esther Gonstalla, Veronique Dürr
Kartografische Beratung: Eugen Hüsler
Herstellung: Piper Verlag GmbH München, Svenja Becker
Litho: Peter Becker GmbH, Würzburg
Druck: Livonia Print, Riga

ISBN 978-3-86690-436-1

Bildnachweis Flora und Fauna: A. Weber/iStockphoto.com (Latschenkiefer), Rotholl.at (Alpenaster, Alpen-Kratzdistel, Alpen-Leinkraut, Berg-Hauswurz, Gletscher-Hahnenfuß, Großes Alpenglöckchen, Silberdistel, Alpenapollo, Alpendohle, Alpensalamander, Bartgeier, Nordluchs, Schneefink, Steinadler, Veilchen-Scheckenfalter)

Umschlagvorderseite: Monte Cavallo (Karnische Alpen / Italien)
Umschlagrückseite: Hafelekarspitze (Karwendelgebirge / Österreich), Steinböcke am Seekogel (Lechtaler Alpen / Österreich), Küchenschelle (Dauphiné-Gebirge / Frankreich)

Die National Geographic Society, eine der größten gemeinnützigen wissenschaftlichen Vereinigungen der Welt, wurde 1888 gegründet, um «die geographischen Kenntnisse zu mehren und zu verbreiten». Sie unterstützt die Erforschung und Erhaltung von Lebensräumen sowie Forschungs- und Bildungsprogramme. Ihre weltweit mehr als neun Millionen Mitglieder erhalten monatlich das NATIONAL GEOGRAPHIC-Magazin, in dem namhafte Fotografen ihre Bilder veröffentlichen und renommierte Autoren aus nahezu allen Wissensgebieten der Welt berichten. Ihr Ziel: *inspiring people to care about the planet,* Menschen zu inspirieren, sich für ihren Planeten einzusetzen. Die National Geographic Society informiert nicht nur durch das Magazin, sondern auch durch Bücher, Fernsehprogramme und DVDs. Falls Sie mehr über NATIONAL GEOGRAPHIC wissen wollen, besuchen Sie unsere Website unter www.nationalgeographic.de.